나는 주식투자로
250만불을 벌었다

나는 주식투자로 250만불을 벌었다

HOW I MADE $2,500,000 IN THE STOCK MARKET

니콜라스 다비스 지음
권정태 옮김

NEW YORK STOCK EXCHANGE

국일증권경제연구소

나는 주식투자로
250만불을 벌었다

초   판 1쇄 발행 · 2003년   7월 20일
개정2판 1쇄 발행 · 2021년   1월 10일
개정2판 8쇄 발행 · 2024년   7월   4일

지은이 · 니콜라스 다비스
옮긴이 · 권정태
펴낸이 · 이종문(李從聞)
펴낸곳 · 국일증권경제연구소

등   록 · 제406-2005-000029호
주   소 · 경기도 파주시 광인사길 121 파주출판문화정보산업단지(문발동)
사무소 · 서울시 중구 장충단로8가길 2(장충동1가, 2층)

영업부 · Tel 02)2237-4523 | Fax 02)2237-4524
편집부 · Tel 02)2253-5291 | Fax 02)2253-5297
평생전화번호 · 0502-237-9101~3

홈페이지 · www.ekugil.com
블 로 그 · blog.naver.com/kugilmedia
페이스북 · www.facebook.com/kugilmedia
E - mail · kugil@ekugil.com

• 값은 표지 뒷면에 표기되어 있습니다.
• 잘못된 책은 바꾸어 드립니다.

ISBN 978-89-5782-133-6(13320)

나는 케네디 국제공항에 있는 신형 전화부스 안에 서 있었다. 몇 발짝 앞에는 찰리 스테인(Charlie Stein)이 아름다운 여자와 함께 서 있었다.

찰리는 로드 호딕(Load Hardwick Corporation)의 사장이다. 그는 어 딜 가나 늘 미녀들을 끼고 다녔는데 그녀들에게 나를 소개하고 칭 찬하는 것을 매우 좋아했다. 아마도 나를 알고 있다는 사실이 자신 을 더욱 중요한 사람으로 보이게 한다고 생각하는 듯했다. 그의 이 런 행동은 평소 내게 아무런 도움도 주지 않았지만 그 날만은 예외 였다. 눈에 보이지는 않았지만 행운의 여신이 바로 우리 곁에 바싹 다가와 있었던 것이다. 평소대로 찰리가 나를 써먹는 것이 처음으로 내게도 득이 되었다. 왜냐하면 그 사건으로 인해 이 책의 재발간이 추진되었기 때문이다.

사건의 전말은 이러했다. 그때 나는 파리에 있는 여자친구와 전화 통화를 하려고 전화부스에 들어가 있었고, 찰리는 함께 온 여자에게 니콜라스 다비스라는 이름을 선전하고 있었다. 그는 늘 그렇듯 큰 목소리로 내 이름을 반복해서 말했다. 그러자 옆 전화부스에 있던 낯선 사람이 밖으로 나와 그에게 말했다.

"저 사람이 정말 다비스인가요? 믿으실지 모르겠지만 나는 그 사람 책으로 열심히 공부한 후 그 내용대로 투자에 적용해서 십만 달러 이상을 벌었답니다."

나는 부스 밖으로 걸어 나왔고 그가 나를 돌아보았다.

"왜《나는 주식투자로 250만불을 벌었다》가 절판된 거죠?"

그리고는 내 대답을 기다리지도 않고 다시 말했다.

"나는 그 책을 열 권이 넘게 사서 돌렸는데 이제는 아무리 돈을 주고 구하려 해도 구할 수가 없네요. 내게 딱 한 권 남은 것도 늘 다른 사람이 빌려가 내 손에 있는 날이 거의 없어요. 그때마다 빌려간 사람에게 돌려달라고 사정사정해야 겨우 돌려받을 수 있지요. 그나마도 이제는 볼 수가 없을 만큼 너덜너덜해졌어요."

그제야 그는 내게 손을 내밀었다. 그리고는 이렇게 말했다.

"감사합니다. 제가 지금 당장 비행기를 타야 할 상황만 아니라면 저녁 식사나 차를 대접했을 텐데 아쉽군요. 그런데 할 말이 있습니다. 다름이 아니라 당신은 주식투자에서는 2백만 달러를 벌었겠지만 책을 내서는 단돈 2센트도 벌지 못할 겁니다."

그는 악수를 끝낸 후 비행기를 놓치지 않기 위해 급히 달려갔다. 그 모든 일은 내가 대답할 새도 없이 순식간에 일어났다.

《나는 주식투자로 250만불을 벌었다》는 이미 절판된 상태였다.

그러나 첫 출간 후 십 년이 지난 지금도 그 책에 대한 서평과 문의는 꾸준히 들어오고 있다. 대부분의 독자들은 특정 부분에 대한 좀더 상세한 설명을 부탁했고 질문들은 거의가 비슷했다.

내가 특별히 운이 좋은 사람이어서 주식투자에 성공한 것일까? 아니면 누구라도 성공하는 상승 장세였기 때문에 성공한 것일까? 아니면 내 접근 방법이 어떤 시장 상황에서도 적용될 정도로 훌륭해서 성공한 것일까?

아무튼 시간이 흐르면서 주식투자에 대한 나의 접근 방법이 널리 알려지게 되었고 내 책은 절판된 20달러짜리의 가치 있는 고전이 되었다. 어쨌든 《나는 주식투자로 250만불을 벌었다》는 오랜 시간을 두고 엄밀한 검증을 통과했다. 그리고 바로 그날, 그러한 사실을 몸소 경험하게 된 것이다.

나는 곧장 공항을 떠나 파크 가(Park Avenue)에 라일 스튜어트(Lyle Stuart)의 사무실로 갔다. 그는 내 두 번째 책인 《월 스트리트 : 또 다른 라스베이거스》를 출판해준 사람인데, 용기 있고 모험을 기꺼이 감수하는 사람이었다. 내가 《나는 주식투자로 250만불을 벌었다》의 재출판 가능성을 이야기하자 그는 대뜸 "그것은 전혀 모험이 아니다"고 말했다.

짤막한 논의 끝에 우리는 이 책을 토씨 하나 바꾸지 않고 재출간하기로 결정했다.

그렇게 해서 이 책은 다시 세상에 나오게 되었다. 지금까지 대략 백만 명이 이 책을 읽었으며 증권거래소가 손절매 규정을 바꾸는 데 큰 영향을 미쳤다. 당시 매우 당황한 '보이지 않는 세력들'이 뉴욕주의 감사관에게 제재를 가하도록 했지만 그러한 제재는 곧 철회되었다.

이 책의 본문은 처음 출판된 내용 그대로이지만, 첫 출간 이후 여러 독자에게 온 질문들과 그에 대한 답변을 뒷부분에 부록으로 첨가했다. 나는 거의 모든 질문에 답변을 했는데 아무런 답변도 하지 않은 적이 한 번 있었다. 질문을 찾아볼 수 없고 비난 아닌 비난으로 가득 찬 편지였기 때문이다.

그 편지의 내용은 내가 '엄청난 횡재'를 할 기회를 놓쳤다는 것이었다. 그는 내가 두어 명의 조수를 고용해 대략 2년 정도 내 시스템을 적용했더라면 원래 투자금액인 36,000달러의 3,000배에 달하는 1억 달러 가량을 벌었을 것이라고 했다. 그는 또 내가 주가의 빠른 움직임과 신용거래 제도를 잘 활용하지 못했으며, 내 수익을 재투자하지 못했다는 점도 지적했다.

그러나 글쎄…… 설령, 그의 말대로 했다고 해서 내가 18개월 만에 투자원금을 140배, 혹은 200배 나아가서 1,000배로 만들 수 있었을까?

아마도 그럴 수 없었을 것이다. 그러나 나는 내가 그만한 돈을 벌지 못한 데에 불만을 가진 적은 없다. 성급한 매도를 하지 않고 '손절매 포인트의 연동'이라는 단 하나의 기법에 따라 주식을 매도해 수익을 내는 것이 나의 투자법이었기 때문이다.

내가 개발해낸 방법은 전혀 손실을 보지 않는 방법은 아니다. 손실이 10%를 넘지 않도록 하는 것일 뿐이다. 그리고 그러한 주식들은 시간이 지나면 수익을 내기 마련이므로 당장 이익이 나지 않는 주식을 3주 이상 보유하는 것이다.

내 손절매 기법은 잘못된 주식을 팔고 올바른 주식을 살 수 있게 해주는 두 가지 효과를 가지고 있다.

그리고 그러한 작업을 매우 신속하게 해준다. 이 기법은 내게는 너무 잘 맞았지만, 분명 모두에게 들어맞는 것은 아니다. 그러나 나는 이 기법이 책을 읽는 여러분에게도 잘 들어맞기를, 여러분들의 투자 인생에 도움이 되어 수익을 안겨주기를 진심으로 바란다.

니콜라스 다비스

CONTENTS

Part 4   기술적 펀더멘털리스트가 되다

부록

HOW I MADE
$2,500,000
IN THE
STOCK MARKET

Part 1

투자가 아닌
투기

생애 최초로
주식투자를 하다

1장

1952년 11월이었다. 뉴욕 맨해튼의 라틴 쿼터에서 공연하고 있을 때 에이전트로부터 한 통의 전화를 받았다. 나와 내 공연 파트너인 줄리아에게 토론토에 있는 한 나이트클럽에서 공연을 부탁하는 것이었다. 이 나이트클럽은 앨과 해리 스미스라는 쌍둥이 형제가 운영하는 곳으로, 이들은 나에게 매우 특이한 제안을 했다. 즉 보수를 현금 대신에 주식으로 지급하겠다는 것이었다. 그때까지 연예계 생활을 하면서 갖가지 경험을 다 했지만 그런 경우는 처음이었다.

좀더 알아보니 그들이 내게 주려는 주식은 브리런드(Brilund)라는 회사의 주식 6,000주였다. 이 회사는 그들 형제가 관계하고 있는 캐나다의 한 광업회사로서 당시 주가가 50센트였다.

주가가 오르기도 하지만 내려가기도 한다는 것을 알고 있었기 때문에 - 사실 나는 주식에 대해 이것밖에 몰랐다 - 나는 스미스 형제에게 한 가지 보장을 요구했다. 즉, 주가가 50센트 아래로 내려가면 내려간 만큼의 차이를 보상해 달라는 것이었다. 이들은 6개월 동안 그렇게 하기로 약속했다.

그런데 우연찮은 사정이 생겼고, 우리는 토론토에서의 공연 약속을 지키지 못하게 되었다. 미안한 마음에 나는 스미스 형제에게 약속을 지키지 못한 데 대한 사죄의 명목으로 주식을 사겠다고 제의했다. 3,000달러를 송금하고 브리런드 주식 6,000주를 받았다. 드디어 내 생애 최초로 주식투자를 하게 된 것이다.

그 후로 나는 주식에 대해서 까맣게 잊고 지냈는데, 두 달이 지난 어느 날 우연히 신문의 주가란을 보다가 까무러칠 뻔했다. 50센트였던 브리런드 주식시세가 1달러 90센트가 되어 있었던 것이다. 나는 보유하고 있던 주식을 즉시 팔아치웠으며 순식간에 8,000달러 정도의 순이익을 보았다.

처음에는 마치 마법에 홀린 듯 아무것도 실감할 수 없었다. 거지가 뜻하지 않은 돈벼락을 맞고 '이게 웬일이야?'하고 좋아하는 것 같은 느낌이었다. 아무튼 나는 '그동안 인생에서 정말 중요한 것을 모르고 살았구나'라고 생각하며 당장 주식시장에 뛰어들기로 결심했다. 이 결정을 한번도 후회해 본 적은 없었지만 그때는 이 미지의 정글에서 앞으로 어떤 일을 겪게 될지 미처 예상하지 못했다.

나는 증권시장에 대해서는 전혀 문외한이었다. 뉴욕에 증권거래소가 있다는 사실조차 몰랐다. 나는 고작해야 캐나다 주식시장, 그것도 광산주 정도나 들어 알고 있을 뿐이었다. 그런데도 광산주에서 얼떨

결에 재미를 본 나는 오로지 주식투자를 해야겠다는 생각뿐이었다.

주식투자를 하기로 했으나 어떻게 시작해야 할지, 어떤 주식에 투자할지, 핀으로 콕 집어내듯 골라낼 수는 없었기에 정보가 필요했다. 그런데 정보를 어디서 구해야 할지 그것이 가장 큰 문제였다. 지금은 평범한 사람이 투자정보를 얻기란 사실상 어렵다는 것을 알고 있지만, 그때는 많은 사람에게 물어보면 그들이 아는 중대한 비밀을 알아낼 수 있을 거라 생각했다. 이 사람 저 사람에게 물어보면 결국 정보를 가진 사람과 사귀게 될 거라고 믿었다. 그래서 만나는 사람마다 혹시 주식시장에 대해 아는 정보가 없는지 물어보았다.

나이트클럽에서 공연할 때는 부자들을 많이 만났는데, 나는 부자들이 뭔가 알고 있을 거라고 생각했다. 그래서 부자들을 만나면 항상 "혹시 좋은 주식 좀 알고 계십니까?"라고 물었다. 그런데 신기하게도 모두들 좋은 주식 하나쯤은 알고 있는 것 같았다. 자신만의 투자정보가 없는 사람은 미국에서 오직 나 하나인 것만 같았다. 나는 그들이 말해 주는 것을 열심히 듣고 맹목적으로 따랐고 사라는 종목은 무엇이든 샀다. 이것이 얼마나 어리석은 투자방법이었는지를 깨닫게 된 것은 오랜 세월이 지난 후였다.

나는 그야말로 '묻지마 투자'의 전형이었고, 이름도 모르는 회사의 주식을 사면서 도박하듯 주식시장을 드나들었다. 내가 주식을 산 회사가 무슨 일을 하는 곳인지, 어디에 있는 회사인지 전혀 알지 못했다. 아마 나만큼 무식하고 철없는 투자자도 없을 것이다. 내가 아는 것이라고는 내가 공연했던 나이트클럽의 지배인의 '좋다'는 말 한마디가 고작이었다.

1953년 초 토론토에서 공연하고 있을 때였다. 처음에 브리런드 주식으로 8,000달러라는 뜻밖의 행운을 잡았기 때문에 캐나다는 나에게 젖과 꿀이 흐르는 희망의 나라였고, '핵심 정보'를 얻기에도 좋을 것 같다는 생각이 들었다. 나는 몇몇 사람에게 믿을 만한 증권중개인을 소개해 달라고 부탁했고, 마침내 한 명을 추천받았다.

처음 그의 사무실을 가보고 당황하고 실망하지 않을 수 없었다. 그곳은 좁고, 지저분하고, 마치 감옥 같았으며, 책이 잔뜩 쌓여 있었고, 벽에는 이상한 낙서 같은 그림들이 가득했다. 나중에 안 사실이지만 이것은 낙서가 아니라 '차트'라는 것이었다. 거기에서 성공이나 능률이란 느낌은 조금도 들지 않았다. 키 작은 한 남자가 접이식 책상에 앉아서 열심히 통계나 책 같은 것을 연구하고 있었다. 그에게 좋은 주식을 알고 싶다 했더니 즉각 반응을 보였다.

그는 웃으면서 주머니에서 유명한 금광회사인 커 애디슨(Kerr Addision)사의 배당권을 꺼내 보여주며 말했다.

"한번 보십시오. 이 주식은 저희 아버지가 사셨던 건데 배당금이 원금의 5배가 됐지요. 이런 것이야말로 누구나 바라던 종류의 주식이 아니겠습니까!"

원금의 5배가 된 배당금이라! 누구라도 흥분되는 일이 아닐 수 없다. 그 배당금이 80센트니까, 그의 아버지는 그 주식을 사기 위해 16센트만을 들였을 뿐이다. 난 그저 대단하다는 생각밖에 들지 않았다. 난 그때 그가 35년 동안이나 아버지의 주식을 보유하고 있었다는 생각은 전혀 하지 못했던 것이다.

그는 자신이 수년 동안 그런 대박주를 발굴하기 위해 얼마나 노력했는가를 설명했다. 그 중개인은 자기 부친의 성공을 보고 금광주에 답이 있다고 생각했고, 드디어 이스턴 맬러틱(Eastern Malartic)이라는 주식을 발굴하게 되었다고 내게 귀띔해 주었다. 생산지표, 기업평가, 재무제표 등을 토대로 볼 때 이 금광주들의 생산량은 현재보다 2배로 늘어날 수 있기 때문에 이 주식에 5달러를 투자하면 곧 10달러가 될 수 있다는 것이다.

많은 분석을 거친 근거 있는 정보인 것 같아 나는 즉시 주당 2달러 90센트에 이스턴 맬러틱 주식 1,000주를 샀다. 그러나 그 주가는 곧 2달러 70센트로 하락했고, 그 다음에는 2달러 60센트로, 결국 몇 주 안 되어 2달러 41센트까지 빠지고 말았다. 나는 황급히 그 주식을 팔아버렸다. 그리고 그 중개인은 통계적인 능력은 있으나 큰 수익을 내는 비결은 모르는 것 같다고 결론내렸다.

하지만 손해를 봤음에도 불구하고 주식에 대한 매력은 줄어들지 않았다. 별다른 수익도 얻지 못하면서 여전히 어떤 소스가 없는지 찾아다녔다. 사실 수익을 좀 보기도 했지만 곧바로 그만큼의 손실을 입었다.

당시 나는 주식투자를 할 때 중개인 수수료나 거래세를 내야 한다는 것도 모를 만큼 완전 초보였다. 한번은 이런 일이 있었다. 1953년 1월에 광업주인 케이랜드 마인스(Kayrand Mines)의 주식을 주당 10센트식 1만 주 샀다.

난 꼼짝 않고 시세판을 들여다보다가 다음 날 케이랜드가 11센트로 오르자 담당 중개인에게 전화해 내 주식을 팔아달라고 주문했다. 나는 빨리 이익을 보고 나오는 것이 상책이라고 생각하면서, 24시간 안에 100달러를 번 줄만 알았다.

그런데 다시 중개인에게 전화하자 그가 "왜 손해보고 파셨어요?"라고 말하는 것이었다. "손해라고요? 난 100달러 벌었는데!"라고 말하자 그는 친절히 설명해 주었다. 1만 주에 대한 중개인 수수료가 매수시 50달러, 다음 날 매도시 또 50달러, 그리고 추가로 거래세가 부과되었다고 했다.

사실 케이랜드 주는 당시 잘 알지도 못하고 샀던 많은 주식 중 하나였다. 그 외에도 모굴 마인스(Mogul Mines), 콘솔리데이티드 서드버리 베이신 마인스(Consolidated Sudbury Basin Mines), 퀘백 스멜팅(Quebec Smelting), 제이 익스플로레이션(Jaye Exploration) 등 여러 주식을 사봤지만 하나도 수익을 내지 못했다.

그러나 캐나다에서의 1년은 주식을 사고파는 재미에 꽤 즐거운 나날이었다. 나는 스스로 성공한 비즈니스맨이자 주식시장의 고수라도 된 듯한 기분을 느끼며 메뚜기처럼 이 주식 저 주식 뛰어다녔다. 나는 2%의 수익만 나도 기뻐했다. 어떤 때는 한번에 조금씩 25~30가지의 주식을 보유한 적도 있다.

이러는 중에 특별히 좋아하는 주식도 생겼다. 내가 어떤 주식을 좋아하게 되는 이유는 여러 가지였다. 가령 친구가 소개해 주었다거나 그 주식으로 돈을 벌게 되었다거나 하는 이유인데, 이런 일이 있으면 난 그 주식을 유난히 좋아했고 마치 애완동물처럼 아끼고 사랑했다. 적어도 내가 어떻게 투자하고 있는지 깨닫기 전까지는 그랬다.

나는 그 주식들을 내 일부인 듯, 때로는 가족인 듯 여기면서 만나는 사람마다 그 장점을 설명했다. 또 마치 나의 사랑스러운 자식이라도 되는 것처럼 자랑했다. 남들이 내 주식을 알아주지 않더라도 전혀 개의치 않았다. 이런 어리석은 심리는 그토록 아끼던 나의 주식들에서 최악의 손실을 입고 나서야 비로소 사라지게 되었다.

몇 달 만에 나의 거래기록은 소규모 증권거래소의 거래만큼 쌓였다. 처음에는 모든 것이 순조로운 것 같았고, 스스로 정말 잘 나가는 것처럼 보였다. 그러나 투자기록을 조금만 깊게 살폈더라면 그렇게 낙관적인 상태가 아니라는 걸 알 수도 있었을 텐데 마치 경마투기꾼처럼 작은 이익에 들떠서 열광하던 나는 큰 손해를 보지 못하고 지나쳤던 것이다. 내가 가진 많은 주식들이 매수가보다 낮으면서도 제자리인 듯 보였다는 사실을 완전히 망각하고 있었다.

이때는 내가 하는 주식운용에 대해 왜 그렇게 하는 것인지 그 이유를 알려고도 하지 않았던 무모하고 어리석은 시절이었다. 나는 그냥 '예감'에 따랐다. 횡재, 루머, 오일 쇼크 등 남들이 나에게 말해 준 재료에 따라 행동했다. 그러다 보니 계속해서 손실이 발생했고 때때로 조그마한 이익이 생겨 희망을 주기도 했다.

그렇게 7개월 동안 매매를 해오던 어느 날, 나는 내 투자상황을 검토해 보기로 했다. 내가 보유하고 있는 주식들의 가치를 셈해 보니 거의 3,000달러나 잃고 있었다.

그날부터 나는 내 투자계획에 무엇인가 잘못된 점이 있다고 생각하기 시작했다. 그러나 무엇을 해야 할지 몰랐다. 그래도 나를 위로해 주는 것은 브리런드 주식에 투자한 최초 자금 3,000달러는 그대로 남아 있고 아직도 5,000달러 이익을 보고 있다는 사실이었다. 하지만 계속 이대로 나아간다면 그것마저도 언제 다 잃어버릴지 알 수 없었다.

[표 1-1]은 당시 나의 손익명세다.

[표 1-1]

▶ 올드 스모키 가스 앤 오일스(Old Smoky Gas & Oils)
매수가 19센트 | 매도가 10센트

▶ 케이랜드 마인스(Kayrand Mines)
매수가 12센트 | 매도가 8센트

▶ 렉스파(Rexspar)
매수가 130센트 | 매도가 110센트

▶ 퀘벡 스멜팅 앤 리파이닝(Quebec Smelting & Refining)
매수가 22센트 | 매도가 14센트

눈앞의 조그마한 이익에 사로잡혀 나는 매주 평균 100달러씩 손실을 보고 있다는 것을 인식하지 못했던 것이다. 이것이 바로 내가 주식시장에서 맨 처음 빠졌던 딜레마였다. 지난 6년간 내게는 다른 여러 문제들이 있었지만 어떻게 생각하면 그때가 가장 힘들었다. 하지만 당시의 판단이 지금의 나를 만들었다.

나는 주식투자를 계속하기로 결심했다.

그러나 성공투자를 위해서 무엇을 어떻게 해야 할지 막막했다. 물론 여러 가지 방법을 강구해 볼 수는 있었다. 먼저 나만의 투자방법을 개발할 수 있을지를 생각해 보았다. 다른 사람의 의견을 쫓아서 하는 투자가 얼마나 어리석은 일인가는 이미 경험한 바 있기 때문이다. 나에게 조언을 해주는 사람들 역시 초보자이기 때문에 그들이 아무리 자신 있게 정보를 말해도 나보다 더 아는 것은 없었던 것이다.

나는 계속해서 성적이 엉망인 내 거래내역서를 들여다보면서 생각했다. 누가 나를 도와서 주식시장의 비법을 발견할 수 있도록 해줄 것인가? 마침내 나는 캐나다 경제전문지와 주식시세표를 구독하기 시작했다. 그리고 토론토 증권거래소 종목들에 관한 정보를 주는 기사를 눈여겨보기 시작했다.

그리고 이왕 투자를 하기로 한 이상 전문적인 도움이 필요할 것이라는 생각에 경제전문지를 구독하기로 했다. 나는 경제전문지의 기사는 전문가들이 말하는 내용이므로 그 전문적인 권고를 따라야 하며, 나와 같은 초보자나 낯선 사람이 말하는 특이한 정보로 매수하는 일은 더 이상 해선 안 된다고 생각했다. 그리고 그들의 숙련되고 사려 깊은 조언을 따라 행동한다면 틀림없이 성공하리라 생각했다.

뉴욕에는 믿을 만한 경제전문지가 꽤 있었지만 내가 본 캐나다의 전문지는 나중에 알고 보니 거래를 조장하는 기사만 싣고 있었다. 그러나 나는 이러한 경제전문지를 보고 매우 기뻐했다. 주식투자가 매우 시급한 것이며 쉬운 것처럼 보였기 때문이었다. 당시 내가 읽었던 기사들은 이렇게 말했다.

"이 주식은 늦기 전에 사야 합니다."

"돈이 되는 대로 모두 매수하세요."

"여러분의 중개인이 매수를 반대한다면 중개인을 해고해 버리세요."

"이 주식은 100% 이상의 수익을 안겨줄 것입니다."

물론 나는 이러한 기사를 모두 사실이며 매우 긴급한 정보로 여겼다. 이러한 정보는 레스토랑에서 얻은 이상한 정보들보다 훨씬 더 믿을 만하다는 확신이 들었다. 나는 이러한 홍보 기사를 열심히 읽었다. 그 기사들은 항상 남들을 도와주는 듯한 말로 가득 차 있었다. 그 중 한 기사는 이렇게 말하고 있었다.

"극소수의 사람들만이 캐나다 증권 사상 가장 큰 성공을 안겨다줄 환상적인 투자 기회를 잡을 것이다."

"월 스트리트의 큰손이 우리 회사 주식을 매수하려고 애쓰고 있지만 투명함을 추구하는 우리는 여러분 같은 정당한 투자자의 참여에만 관심을 둡니다."

그들은 내가 어느 수준에 있는지 정확히 알고 있었다. 나는 월 스트리트의 큰손에게 밀렸으므로 동정받아 마땅한 소액투자자였다. 하지만 나는 그런 이유보다 내가 어리석다는 사실에 동정받아야 했었다.

나는 그들이 추천하는 주식을 매수하기 위해 전화기로 달려갔다. 하지만 그러한 주식은 늘 주가가 하락했다. 나는 그런 상황을 이해할 수 없었지만 조금도 걱정하지 않았다. 그리고 계속해서 이번에는 오르겠지 하고 생각했지만 그런 일은 단 한번도 일어나지 않았다.

당시에는 잘 몰랐지만 나는 소액투자자들이 빠지는 가장 큰 덫에 걸려 있었는데 그것은 투자시기를 선택할 능력이 없다는 것이었다.

일단 자금을 투자한 후에 갑자기 직면하게 되는 이러한 문제는 초보자가 겪는 가장 알 수 없는 현상 중 하나이다. 몇 년이 지나고 나서야 이러한 기사들로 소액투자자들에게 매수를 종용할 때는 이미 전문가들이 내부 정보를 알아서 매수한 다음 그것을 팔아넘길 때라는 것을 알게 되었다.

나는 주식투자로 250만불을 벌었다

내부 정보를 가진 사람들이 시장에서 물러남과 동시에 소액투자자들이 시장에 진입한다. 하지만 이미 끝물이 지난 상태였다. 그들은 항상 너무 늦게 주식을 매수하며 전문가들이 팔고 나간 터무니없이 높은 가격을 지탱할 자금력도 없다.

지금은 이러한 사실을 알고 있지만, 당시에는 주가가 왜 그렇게 움직이는지를 도무지 알 수 없었다. 나는 사기만 하면 주가가 떨어지니 내가 운이 지독히 없는 모양이라고 생각했다. 나중에 생각해 보면 이 시기에는 돈을 잃을 수밖에 없었다.

내가 100달러를 투자하면 단번에 20이나 30달러를 잃었다. 하지만 몇몇 종목은 값이 올라서 나는 상대적으로 행복해했다. 심지어는 뉴욕으로 가야 할 때에도 토론토에 있는 중개인에게 전화를 해 주문을 내곤 했다.

뉴욕에 있는 중개인을 통해서 캐나다 주식을 거래할 수도 있다는 사실을 몰랐던 것이다. 토론토의 중개인은 전화로 정보를 알려주었는데 그러한 정보는 중개인 자신이나 캐나다 경제전문지가 추천하는 종목에 관한 것들이었다. 나는 다른 마구잡이 투자자들처럼 손실을 입으면 운이 안 좋은 탓으로 돌렸다. 언젠가는 내게 행운이 돌아올 것이라고 굳게 믿었다.

그러한 사례가 한 가지 있다. 나는 캐나다 주식시세표를 꼭 읽어야 한다는 강박관념을 가지고 있었는데, 어느 날 그 시세표를 읽다가 캘더 부케(Calder Bousquet)라는 주식을 발견했다. 나는 이 회사가 무엇을 하는 회사인지 몰랐지만 이름이 마음에 들어서 18센트에 5,000주를 매수했다. 총 매수대금은 900달러였다.

그러고 나서 나는 마드리드에서 열리는 무용 공연에 참가하기 위해 출국해야만 했다. 1개월 후 돌아와서 신문을 보니 캘더 부케의 주가가 36센트로 올라 있었다. 2배로 뛰어서 900달러를 번 것이다. 하지만 이것은 요행에 불과했다.

이 주식은 특별히 오를 요인이 있어서 오른 것도 아니었으며 내가 마드리드에 가지 않았더라면 주가가 22센트 정도로 상승했을 때 분명히 전부 매도해 버렸을 것이다. 그런데 내가 스페인에 있었기 때문에 캐나다 주식시세를 볼 수 없었고 그로 인해 성급한 매도를 하지 않았던 것이다. 정말로 요행이 두 번 겹친 셈이다.

그때는 참으로 기이하고 정신 나간 듯한 시절이었지만 당시에 나는 스스로 투자전문가가 된 것 같은 기분을 느끼기 시작했다. 나는 주변의 소문이 아니라 좀더 전문 교육을 받은 사람들의 조언을 듣고 거래하는 나 자신이 자랑스러웠다. 나는 캐나다 증권중개인의 조언을 듣고 또 주식전문지를 구독하고 있었으므로 내가 정보의 원천을 알아냈다고 생각했다. 또 잘 나가는 사업가들을 칵테일 라운지와 같은 곳에서 좀더 자주 만나려고 애썼는데 그들은 정유회사와 같이 앞으로 잘될 회사들에 대해서 이야기해주곤 했다.

그들은 알래스카에서 우라늄이 채굴되었다든지 퀘백시에 놀랄 만한 개발계획이 세워졌다든지 하는 얘기를 조용히 들려주곤 했다. 그러한 모든 것들이 지금 투자하면 장래에 큰 돈을 벌수 있도록 보장해 주는 것처럼 보였다. 그래서 나는 그렇게 알았던 종목에 투자를 했지만 단 한푼도 벌지 못했다.

1953년 말, 내가 뉴욕에 돌아왔을 때 나의 투자금액은 1만 1,000

달러에서 5,800달러로 줄어 있었다. 나는 다시 한번 내 처지를 재고해 보아야만 했다. 사업가들의 정보는 그들이 말해 준 대로 노다지가 아니었다. 경제전문지도 돈을 벌 수 있는 정보를 주는 역할은 하지 못했다. 그들이 추천하는 종목은 오르기는커녕 대부분 하락했다.

뉴욕에서 발간되고 있는 신문으로는 캐나다 주식시세를 알 수 없었지만, 주식시세를 보는 것에 재미를 느끼고 있던 나는《뉴욕타임스》,《뉴욕헤럴드》,《트리뷴》그리고《월스트리트저널》과 같은 경제전문지를 구독하기 시작했다. 당시 나는 뉴욕 증권거래소의 주식을 갖고 있지는 않았지만 몇몇 주식들의 이름이나 '객장을 넘어서'와 같은 흥미로운 문구들이 주었던 이끌림을 기억하고 있다.

나는 경제전문지를 읽으면 읽을수록 뉴욕증권시장에 관심이 가기 시작했다. 나는 올드 스모키 가스 앤 오일(Old Smoky Gas & Oils) 주를 제외한 모든 캐나다 주식을 팔기로 결심했다. 올드 스모키는 그 주식을 내게 넘긴 사람이 앞으로 엄청난 가격 상승이 기대되는 종목이라고 했기 때문에 팔지 않았다. 그러나 엄청난 상승은 일어나지 않았고 뉴욕에서 5개월을 보낸 후, 19센트에 매입한 이 주식을 10센트에 매도해버렸다.

그러는 동안 나는 뉴욕 증시가 캐나다 증시보다 공략하기 더 힘든 큰 정글 같다는 사실에 놀라가 시작했다. 나는 뉴욕 흥행 대리인인 친구 에디 엘고트에게 전화를 걸어 뉴욕의 증권중개인 중 잘 아는 사람이 없느냐고 물었더니 루 켈러(Lou Keller)라는 사람을 소개해주었다.

HOW I MADE
$2,500,000
IN THE
STOCK MARKET

Part **2**

원칙주의자
시절

월 스트리트에
진출하다

2장

나는 루 켈러에게 전화를 걸어 내가 누구인지 말하고 주식투자를 하고 싶다고 했다. 다음 날 그는 나에게 몇 가지 서류를 보내왔고, 거기에 사인해 계좌를 개설할 수 있는 예탁금과 함께 자신의 회사로 가지고 오라고 했다. 그의 말을 들으니 갑자기 내가 금융가의 한 사람이라도 된 듯한 기분이 들었다.

나는 월 스트리트에 가본 적이 없기 때문에 그곳이 어떤 곳인지 잘 몰랐다. 하지만 그 이름을 들을 때마다 묘한 매력을 느끼곤 했다. 거기서는 모든 것이 더 힘들고 어려울지도 모른다. 하지만 이제 다시 캐나다에서의 초보 시절과 같이 어리석은 도박을 되풀이하지는 않을 것이라고 다짐했다.

뉴욕 신문들의 주식시세란의 회색 지면을 연구하면서 나는 내 인생에 새로운 성공시대가 열릴 것 같은 예감이 들었다. 뉴욕은 캐나다 주식시장과는 달랐다. 캐나다 주식시장은 금광의 파업과 우라늄 생산현장의 사정에 따라 수시로 변동해 들고양이처럼 종잡을 수 없었다. 반면, 뉴욕의 주식시장은 책임 있는 기업가들, 은행의 사장님들과 대기업들의 복합체다. 나는 그에 걸맞는 경외감을 갖고 이곳에 진출할 준비를 했다.

이번에는 좀더 신중하고 성숙한 태도로 주식시장에 접근해야겠다고 생각했다. 그리고 투자원금도 늘리기로 했다. 캐나다에서는 브리런드에 투자한 원금 3,000달러와 거기서 얻은 수익 8,000달러를 합쳐 1만 1,000달러로 시작했었다. 그러나 캐나다에서 있었던 14개월 동안 5,200달러의 손해를 보았고 남은 것은 5,800달러뿐이었다.

하지만 월 스트리트의 규모를 볼 때 이 금액으로 투자하는 것은 적당치 않은 것 같았다. 그래서 그동안 공연하면서 저축해 두었던 돈을 보태어 1만 달러를 만들어 루 켈러에게 맡겼다. 드디어 어느 날 거래를 시작해 보기로 결심하고 그에게 전화했다. 그리고 별 생각 없이 어떤 주식이 좋으냐고 물었다.

지금 생각해 보면 그런 질문은 정육점에서 고기를 고를 때나 하는 질문이었다. 하지만 루 켈러는 마치 정육점 주인이 고기를 골라주듯 내게 주식을 보여주었다. 그는 몇 가지 '안전한 주식'을 권하면서 왜 안전한지 기본적 분석의 결과를 설명해 주었다. 나는 배당금 증가, 주식분할, 실적개선 등의 설명을 잘 이해하지는 못했지만 유심히 들었다. 당시의 나에게는 그것이 최고의 전문가적 상담이었다. 그 사람은 실제로 월 스트리트의 증권가에서 일하고 있었기 때문에 분명히 아는 지식이 많았다. 그러나 그는 단지 주식을 권해 주기만 할 뿐 결정은 '투자자 책임'이라는 사실을 강조했다. 나는 이 말이 상당히 의미 있게 느껴졌고 책임감도 들었다.

그가 권해 준 주식의 한두 종목은 사자마자 곧 몇 포인트 상승했고, 나는 그 정보의 위력에 감탄하면서 그 주식을 사기로 결정했던 내가 주식투자자로서 타고난 재능이 있는 것이라고 확신했다. 하지만 내가 간과하고 있었던 것은 당시 주식시장이 사상 초유의 최대 활황을 맞이하고 있었다는 사실이다. 다시 말해 누구든지 지독히 운이 없지만 않다면 이따금씩 수익을 올리기 쉬운 장으로서 나는 그 와중에 잠깐 이익을 본 것뿐이었다.

[표 2-1]은 1954년 초반에 했던 세 번의 거래 내용이다. 당시 나는 정말 내가 타고난 월 스트리트 맨인 줄로만 알았다. 이 표 및 이 책의 다른 표들에 표시된 금액은 모두 수수료와 세금을 포함해서 계산한 것이다.

[표 2-1]

▶ 컬럼비아 픽쳐스(Columbia Pictures) : 200주
매수 20($4,050.00) | 매도 22.88($4,513.42)
→ 수익 : $463.42

▶ 노스 아메리칸 애비에이션(North American Aviation) : 200주
매수 24.25($4,904.26) | 매도 26.88($5,309.89)
→ 수익 : $405.63

▶ 킴벌리 클락(Kimberly Clark) : 100주
매수 53($5,390.35) | 매도 59($5,854.68)→ 수익 : $464.33

총 수익 : $1,333.38

보시다시피 각 거래에서 순수익은 400달러를 갓 넘은 정도이고 그리 큰 액수는 아니다. 그러나 몇 주 만에 세 번 연속해서 총 1,333.38달러의 수익을 올리고 나니 주식투자가 쉽고 간단한 일처럼 여겨졌고, 나 스스로 관리할 수 있다는 생각이 들었다.

월 스트리트에서 수익을 내본 경험은 그곳이 대단한 곳이라는 자연스러운 경외감과 결합해 나를 어리석은 행복감에 빠지게 했다. 또 이제는 캐나다 시절의 아마추어에서 벗어나 전문가 대열에 올라섰다는 착각에 빠지게 했다. 내 방법은 조금도 나아지지 않았다는 것을 전혀 깨닫지 못했다. 좀더 전문적인 용어를 사용하게 되면서 그런 문제점이 가려졌던 것이다. 예를 들면 중개인과의 상담에서 얻는 내용도 예전처럼 소스가 아니라 '정보'라고 생각하게 되었다. 아무튼 더 이상 소스에 귀를 기울이려 하지 않았고 타당한 경제적 근거가 있는 신뢰할 만한 뉴스에 관심을 가졌다.

나의 투자는 순풍에 돛을 단 듯 순조롭게 진행되었다. [표 2-2]는 1954년 4월에서 5월까지의 거래 내역 중 일부다.

계속되는 수익 행진에 내 확신은 절정에 달했다. 이곳은 확실히 캐나다가 아니었다. 내가 손대는 것은 모두 황금으로 변하는 것 같았다. 5월 말에 내 원금은 1만 달러에서 1만 4,600달러로 늘어 있었다.

가끔 손해를 보기도 했지만 크게 신경 쓰지 않았고 성공투자를 향한 길에서 그 정도 손해쯤은 당연한 것으로 받아들였다. 그리고 수익을 볼 때면 언제나 나 자신을 추켜세웠고 손해를 볼 때면 중개인을 원망했다.

나는 쉬지 않고 계속 거래했다. 어떤 날은 하루에 20번이나 중개

▶ 내셔널 컨테이너(National Container)
  매수가 11달러 | 매도가 12.375달러

▶ 트리콘티넨털 워런츠(Tri-Continental Warrants)
  매수가 5.13달러 | 매도가 6달러

▶ 앨리스 챌머스(Allis Chalmers)
  매수가 50.75달러 | 매도가 54.88달러

▶ 버시러스 이리(Bucyrus Erie)
  매수가 24.75달러 | 매도가 26.75달러

▶ 제너럴 다이내믹스(General Dynamics)
  매수가 43.5달러 | 매도가 47.25달러

▶ 메스타 머신(Mesta Machine)
  매수가 32달러 | 매도가 34달러

▶ 유니버설 픽쳐스(Universal Pictures)
  매수가 19.63달러 | 매도가 22.75달러

인에게 전화를 걸었다. 하루라도 거래하지 않으면 주식시장에서 내가 맡은 임무를 다하지 못한 것 같은 느낌이 들었다. 새로운 주식을 보면 항상 사고 싶어했다. 마치 새로운 장난감을 갖고 싶어하는 어린아이처럼 신규 등록된 주식을 선호했다.

이렇게 1954년 7월경까지 계속된 월 스트리트에서의 거래 내역을 보면 사실 아주 작은 이익을 얻기 위해 그토록 정열을 쏟았다는 것을 알 수 있다.([표 2-3])

결국 전체 거래의 순수이익은 1.89달러밖에 안 되었다. 여기서 이

▶ 아메리칸 브로드캐스팅 파라마운트(American Broadcasting Paramount) : 200주
매수 16.88에 100주($1,709.38), 17.5에 100주($1,772.50)
매도 17.88($3,523.06) → 수익 : $41.18

▶ 뉴욕 센트럴(New York Central) : 100주
매수 21.5($2,175.75)
매도 22.5($2,213.70) → 수익 : $37.95

▶ 제너럴 리프랙토리(General Refractories) : 100주
매수 24.75($2,502.38)
매도 24.75($2,442.97) → 손실 : $59.41

▶ 아메리칸 에어라인(American Airlines) : 100주
매수 24.75($1,494.75)
매도 15($1,476.92) → 손실 : $17.83

총 수익 : $79.13
총 손실 : $77.24

익을 본 사람은 나의 중개인뿐이었다. 뉴욕 증권거래소 규정에 따라 계산할 때 그가 이 10번의 거래에서 얻은 수수료 수입은 전부 236.65달러가 된다. 그나마 중개인에게 건 전화요금을 계산하면 1.89달러도 남지 않는다.

사정이 이런데도 내가 걱정하는 것은 오직 한 가지밖에 없었다. 사실 난 중개인이 주식에 대해 하는 말 중 반밖에 알아듣지 못했다. 하지만 나의 무식함을 드러내고 싶지 않아서 주식에 관한 책을 독파하기로 결심했다. 나는 주식시장에 관한 책을 사서 읽기 시작했고 뉴욕일간신문의 경제란도 열심히 읽었다.

점차 낯선 단어들에 익숙해지게 되었고 그 용어들을 자주 사용하려 애썼다. 나는 수익, 배당, 자본, 이런 단어들이 좋았다. 그리고 주당순이익의 뜻이 '회사의 당기순이익을 총 발행주식주로 나눈 것'이라는 것과 상장주식이 '뉴욕 증권거래소와 아메리카 증권거래소에서 거래되는 주식'이라는 것을 배웠다. 이외에도 나는 주식, 채권, 자산, 수익성, 수익률 등 용어의 정의를 열심히 공부했다. 결국 어느 정도 시간이 지나자 중개인과 같은 수준에서 이야기할 수 있게 되었다.

주식시장에 관계된 책들은 다른 어떤 분야에 관한 것보다도 무수히 많았다. 문화에 관련된 책보다 주식에 관련된 책이 더 많이 발행되고 있었다. 이때 연구했던 책들은 다음과 같다.

- · R. C. Effinger, 《ABC of Investing》
- · Dice & Eiteman, 《The Stock Market》
- · B. E. Schultz, 《The Securities Market : And How If Works》
- · Leo Barnes, 《Your Investments》
- · H. M. Gartley, 《Profit In The Stock Market》
- · Curtis Dahl, 《Consistent Profit In The Stock Market 》
- · E. J. Mann, 《You Can Make Money In The Stock Market 》

새롭게 증권용어로 무장하고 지식이 쌓여가자 나는 더욱 의기양양 해졌다. 드디어 제 2의 브리런드가 나올 때가 되었다는 예감이 들었다. 분명히 거대하고 안전한 월 스트리트의 주식이 어딘가에서 나타날 것 같았다. 그러나 지금 생각하면 그런 주식은 '실속 없는 주식'일뿐이었다.

나는 무디스, 피치, 스탠더드&푸어스 등의 주식시장 정보기관에 등록했으며 여기에서 중대한 정보를 많이 얻었다. 물론 내가 이해하지 못하는 것도 많았지만 말이다.

내가 읽은 정보에는 다음과 같은 것이 있다.

내구재, 비내구재, 서비스에 대한 소비지출 증가가 예상되고 생산성이 대폭 향상됨에 따라 기업의 수익과 배당금을 위한 기초가 개선되고 있으며 이는 기업 활동의 조건이 호전되었음을 반영한다. 시장은 이와 같은 새로운 상황을 반기고 이에 따라 시장이 전개될 것으로 보이므로 이러한 불규칙한 현상은 당분간 계속될 것으로 예상된다.

이 회사들은 상당히 권위 있고 영향력이 있으며 내가 알고 싶었던 모든 정보를 주었다. 물론 브리런드처럼 될 주식이 무엇인지를 알려준 것은 아니었지만 말이다.

그런데 그런 것을 읽으면서 나의 호기심은 더욱 커졌고 다른 투자전문지에서는 어떻게 평가하고 있는지 궁금해졌다. 신문을 보니 어떤 것은 1달러면 한 달 동안 시험 구독을 해볼 수 있다는 광고가 있었는데 나는 이런 광고를 본 후 거의 모든 투자 서비스에 시험 구독을 신청했다.

나는 자료수집에도 열광적이었으며 일간신문, 경제 칼럼, 심지어 책표지에 나온 기사까지도 모두 스크랩했다. 그리고 새로운 경제전문 서비스에 대한 광고를 접할 때마다 그 즉시 주문했다.

그런 잡지를 보면서 충격을 받았던 건 그들의 의견이 서로 제각각 이라는 것이었다. 어떤 경우에는 한쪽에서 매수 추천한 것을 다른 쪽에서는 매도 권유한 경우도 있었다. 그러나 사실 그들이 추천하는 것은 대부분 정확하지 않았다. 그들은 '반등시 매수' 또는 '일시적 하락시 매도'라는 표현을 자주 썼다. 하지만 어디에서도 어떤 게 반 등인지 일시적 하락인지 판단하는 법은 알려주지 않았다.

난 '항상 오르는 주식'을 고르는 비결을 알아내기 위해 모든 자료 를 훑어보고 꼼꼼히 읽었다.

언젠가 한 투자정보지 - 1년에 대여섯 번만 발간되는 것으로 스 스로 권위있다고 자부하는 정보지 - 에서 에머슨 라디오(Emerson Radio) 사에 관해 분석한 것을 실었는데, 그것은 거의 책 한 권에 달 할 만큼의 상당한 분량이었고 표지도 화려했다. 그리고 강력한 경쟁 사인 R.C.A와 비교하면서 주로 에머슨사의 자본, 매출, 세전이익, 세 후이익, 주당순이익(EPS), 상대적인 주가수익비율(PER)등을 다뤘다.

그 내용을 모두 이해할 수는 없었지만 박식한 용어와 분석적인 비 교는 상당히 감동적이었다. 당시 에머슨의 주가는 12달러 정도였는 데 이 책에서는 R.C.A의 주가와 비교해서 목표 주가를 30~35달러 로 보고 있었다.

물론 나는 에머슨을 매수했는데 그때의 매수가는 12.5달러였다. 에머슨을 매수 추천했던 책에서 35달러의 가치가 있다고 했기 때문 에 상당히 낮은 가격이라고 나는 생각했다. 하지만 과연 어떻게 되었 을까? 그토록 확실했던 주식은 끝도 없이 하락하기 시작했고 난 너 무 당황하고 실망한 나머지 결국 중간에 모두 팔아버렸다.

지금의 나는 그 신중한 월 스트리트의 분석가들이 그렇게 화려한 양장의 책에 그러한 내용을 펴냈다는 것은 단지 그들의 최대 관심사였음을 보여주는 것일 뿐이라고 이해한다. 아무튼 에머슨은 1956년 말에 5.75달러까지 하락했다.

그 무렵 월 스트리트에서 유행하던 격언이 있었다. "적은 이익이라도 있으면 파산하지는 않는다"는 말인데 나에게는 생소한 격언이었지만 이것을 듣고 깊이 공감했으며, 곧 실천에 옮겨야겠다고 마음먹었다. 그리고 이것이 나의 투자법이 되었다.

1955년 2월 말에 주식시장을 선도한 것은 카이저 알루미늄(Kaiser Aluminum)이었다. 나는 중개인의 권유에 따라 그 주식을 63.34달러에 100주 전부 6,378.84달러에 매수했다. 이것은 꾸준히 올라주었고 나는 75달러에 매도했으며 매도 후 7,453.29달러를 받았으므로 한 달도 안 되어 1,074.45달러의 순이익을 본 셈이었다.

이런 식의 단기적인 이익을 추구하면서 그 다음에는 보잉(Boeing) 주를 83달러에 100주를 8,343.30달러어치 매수했다. 그러나 이것은 사자마자 곧 빠지기 시작해 4일 만에 결국 79.88달러에 팔고 총 7,940.05달러가 남았다. 이때 보잉에서 본 손실은 403.25달러였다.

보잉에서의 손실을 메우기 위해 4월 첫째 주에 마그마 코퍼(Magma Copper)를 매수했다. 이때 89.75달러에 100주를 9,018.98달러어치 샀다. 그런데 이 역시 사자마자 빠지기 시작했고 2주 후에 80.5달러에 매도했으며 8,002.18달러가 남았다. 이때의 손실은 1,016.80달러였다.

이즈음에 내가 3월 첫째 주에 청산했던 카이저 알루미늄 주는 82

나는 주식투자로 250만불을 벌었다

달러까지 상승해 있었다. 어떤 곳에서든 추천 종목으로 올라 있었기 때문에 난 다시 이 주식을 그 가격에 100주 매수했다. 전부 8,243.20 달러가 들었다. 그런데 산 지 5분 만에 빠지기 시작했고 더 큰 손해를 감수하지 않기 위해 81.75달러에 팔고 8,127.59달러를 남겼다. 결국 나는 5분 만에 수수료를 포함해서 115.61달러의 손해를 보았다.

처음 카이저를 매매했을 때는 1,074.45달러를 벌었다. 그 후 다른 주식으로 옮겨갔다가 다시 카이저로 끝난 전체 거래 실적을 보자면 총 461.21달러의 순손실을 입은 셈이었다. 만약 처음에 카이저를 63.34달러에 산 뒤로 최종적으로 매도했던 81.75달러가 될 때까지 가지고 있었더라면 461.21달러의 손실을 입는 대신 오히려 1,748.75 달러의 이익을 보았을 것이다.

이런 경우는 또 있었다. 1954년 11월부터 1955년 3월까지 나는 레이요니어(Rayonier)라고 하는 주식을 계속해서 사고팔고 했다. 이 주식은 8개월 동안 거의 50달러에서 100달러까지 올랐다. [표 2-4]는 한번에 100주씩 거래한 레이요니어의 거래 실적이다.

내가 레이요니어 거래에서 얻은 수익은 전부 1,238.12달러였다. 그리고 또다시 손해를 보는 패턴이 반복되었다. 1955년 4월에 매너티 슈거(Manati Suger)로 전환해서 8.38달러에 1,000주를 총 8,508.80 달러에 매수했다. 그런데 사자마자 내리막이 시작되어 7.75, 7.63, 7.5달러에 분할 매도했다. 남은 돈은 7,465.70달러였고 손해액은 1,043.10달러였다. 레이요니어와 매너티 거래의 결과를 합하면 고작 195.02달러의 순이익이 남을 뿐이었다.

만약 처음 레이요니어를 매수했던 11월부터 팔지 않고 보유했다

▶ 1954년 11 ~ 12월
  매수 53($5,340.30)
  매도 58.25($5,779.99) → 수익 : $439.69

▶ 1955년 2 ~ 3월
  매수 63.88($6,428.89)
  매도 71.63($7,116.13) → 수익 : $687.24

▶ 1955년 3월
  매수 72($7,242.20)
  매도 74($7,353.39) → 수익 : $111.19

총 수익 : $1,238.12

가 4월에 80달러가 되었을 때 팔았더라면 난 2,612.48달러의 수익을 볼 수 있었을 것이다. 적은 수익을 얻기 위해 잦은 매매를 하지 말았어야 했다.

여기서 얻을 수 있는 교훈은 무엇인가? 비록 그 당시에는 느끼지 못했지만 결국 "적은 이익이라도 있으면 파산하지 않는다"라는 월가의 격언은 그 반대라는 것이다. 결국 몇 번의 시행착오 끝에 '적은 이익만 쫓다가는 언젠가 파산할 수도 있다'는 사실을 깨닫게 되었다.

내가 감명을 받았던 또 하나의 격언은 "쌀 때 사서 비쌀 때 팔라"는 것이었다. 이 격언은 앞의 것보다 훨씬 더 맞는 말 같았다. 하지만 싸게 살 수 있는 주식을 어디서 찾는단 말인가? 나는 저가형 주식을 찾던 중에 비상장주식거래시장, 즉 증권거래소에 상장되지 않은 장외주식이 거래되는 곳을 발견했다. 책에서 읽은 바로는 주식이 증권거래소에 상장되어 거래되기 위해서는 금융상의 매우 엄격한 규정을 지켜야 한다. 그러나 장외주식에는 이것이 적용되지 않는다는 것이다.

이 시장이야말로 저가형 주식을 발견할 수 있는 최적의 장소인 것 같았다. 순진하게도 나는 장외주식은 상장되지 않았기 때문에 아는 사람들이 거의 없으므로 나만이 싸게 살 수 있을 것이라고 믿었다. 나는 서둘러서 《비상장주식 리뷰 Over-the-Counter Scurites Review》라는 월간잡지를 신청하고 본격적인 탐색에 나섰다.

나는 수많은 장외주식 중 가격이 낮은 것을 열심히 찾았다. 내가 산 것은 퍼시픽 에어모티브(Pacific Airmotive), 콜린스 라디오(Collins Radio), 걸프 설퍼(Gulf Sulphur), 도만 헬리콥터(Doman Helicopter), 켄너메탈(Kennametal), 테코일 코퍼레이션(Tekoil Corporation)과 그 밖에 알려지지 않은 주식 몇 가지였다.

여기서 내가 몰랐던 점은 이러한 장외주식이 사기는 쉬워도 팔기는 어렵다는 사실이었다. 어떤 경우에는 매도가가 내가 매수했던 가격에도 미치지 못했다. 도대체 그 이유가 뭘까? 사실 장외주식 거래에는 상장주식에 대한 것만큼 엄격한 가격 원칙이 없었다. 여기에는 안정적이고 질서 있는 시장의 흐름에 대해 확신을 줄 수 있는 전문가도 없었고, 거래가 형성되는 가격을 예측할 수 있도록 도와주는 보고도 없었다. 단순히 매도가와 매수가만이 존재할 뿐이었다.

더구나 장외주식에 대한 매도가와 매수가는 현저히 차이났다. 예를 들어 내가 42달러에 매도하고 싶고 또 그것이 적당한 시세라고 해도 사려는 사람들은 38달러에 사기를 원한다. 어떤 경우에는 40달러까지 낮추어봤지만 이때도 확실한 매수자가 나서지 않았다.

실수로 장외시장에 발을 들여놓았을 때만 해도 내게는 장외시장에 대한 정보가 전혀 없었다. 다행히도 장외시장의 성격을 빨리 파악하게 되었지만 이곳은 매우 전문적인 분야이고 그야말로 특정 회사의 사정을 잘 아는 일부 전문가들만이 돈을 벌 수 있는 그런 곳이었다. 그래서 장외주식 거래를 그만두고 다시 상장주식 쪽으로 관심을 돌리게 되었다.

당시 나는 월가에 떠도는 루머의 진실 여부에 대해서 한번도 의심해 본 적이 없었다. 월가의 소문 역시 캐나다나 여느 다른 시장의 루머들처럼 근거 없고 위험한 소문일 거라고는 전혀 생각하지 못했다.

월가에서 직접 흘러나왔다고 하는 구체적인 정보면 어떤 것이든 나를 흥분시키는 강력한 미끼가 되었다. 내가 이런 정보를 얼마나 잘 믿고 따르는지 단적으로 보여준 예가 두 가지 있다.

어느 날 철도장비 제조업체인 볼드윈 리마 해밀턴(Baldwin-Lima-Hamilton) 사가 원자력 열차의 제조 주문을 수주했다는 아주 신빙성 있는 소문이 들렸다. 월가는 이에 즉각적인 반응을 보였고 이 주식의 주가는 12달러에서 20달러 이상으로 급등했다.

내가 이 갑작스런 소식을 들었을 때는 이미 주가가 천장까지 올라 있었다. 그것도 모르고 나는 200주를 24.5달러, 총 4,954.50달러에 매수했던 것이다. 그 후 2주 동안 보유했는데 정말 어이없게도 그 주식은 19.25달러까지 천천히 내려가기만 했다. 드디어 나 같은 사람도 그때쯤엔 뭔가 잘못되었다고 느끼기 시작했고 결국 19.25달러에 손절매를 하게 되었다. 당황한 상태에서 나로서는 그것이 최선의 방법이었다. 왜냐하면 그 주식은 그 후로도 계속 하락해 12.25달러까지 빠졌던 것이다. 그때라도 손절매를 하지 않았더라면 더 큰 손해를 보았을 것이다.

또 한번은 내 담당 중개인이 이런 정보를 알려주었다. "스털링 프리시전(Stering Precision)이 연말이 되기 전에 40달러까지 갈 것입니다. 이 회사는 많은 유망한 중소기업들을 인수합병하려 하고 있으므로 머지않아 거대 기업이 될 것입니다." 그는 자신이 직접 입수한 소식이라는 말을 덧붙였다. 당시 그 회사의 주가는 8달러였다.

그만한 정보라도 내게는 충분한 가치가 있었다. 왜냐하면 믿어 의심치 않던 월 스트리트의 중개인이 내게 호의를 갖고 알려준 정보였기 때문이다. 그 즉시 매수주문을 내지는 못했지만, 중개인이 알려준 정보인 만큼 그 정보를 믿고 크게 걸어보기로 마음먹었다. 그래서 스털링 프리시전 1,000주를 주당 7.88달러, 총 8,023.10달러를 주고 샀다.

그러고 나서 40달러까지 오르기를 기대하며 흐뭇한 마음으로 지켜보고 있었다. 하지만 40달러는커녕 점점 흔들리기 시작하더니 급기야 서서히 하락세로 돌아서는 것이었다. 결국 7달러 아래로 내려갈 것 같은 조짐이 보이자 분명히 뭐가 잘못되었다는 느낌이 들었고 나는 7.13달러에 손절매에 들어갔다. 그리고 6,967.45달러를 회수했다. 잠깐의 뉴스 한 토막으로 단 며칠 만에 1,055.654달러를 손해 본 것이었다. 그 주식은 그 후로도 계속해서 빠져서 4.13달러까지 갔다.

그러나 내가 월 스트리트에 소속되었다는 자부심이 손실에 대한 고통보다 더 컸다. 그리고 계속해서 새로운 접근법을 모색했다. 어느 날 《월스트리트저널》의 한 칼럼을 읽다가 상장기업의 임원이나 이사들도 주식 거래를 한다는 사실을 알게 되었다. 그 글을 자세히 읽어 보니 증권거래위원회에서는 주가조작을 방지하기 위해, 임원이나 이 사가 자사의 주식을 사고팔 때는 언제나 신고하도록 규정하고 있었 다. 이러한 사실을 알게 되자, 나는 '바로 이거야!'라는 생각이 들었 다. 내가 알아야 할 것은 바로 이들 진정한 '내부자'의 행동이었고 이 것을 따라하면 되는 것이었다. 그들이 사면 나도 사고 그들이 팔면 나도 파는 것이다.

그래서 이 방법도 시도해 보았지만 효과는 없었다. 내가 내부자 거 래를 알게 될 즈음이면 항상 한발 늦은 후였다. 또 하나 알게 된 사 실은 그러면 내부자 역시 사람이라는 사실이었다. 즉, 다른 투자자와 마찬가지로 그들도 너무 늦게 사거나 너무 일찍 파는 경우가 있었 다. 또 그들이 자신들의 회사에 대해서는 모든 것을 알고 있을지 모 르나 정작 그 회사의 주식이 거래되고 있는 시장의 상황에 대해서는 잘 알지 못한다는 것이다.

하지만 나는 이런저런 경험들을 통해 어떤 결론에 도달하게 되었 다. 똑같은 말을 반복해서 들음으로써 말을 배우는 어린아이처럼 나 역시 여러 가지 트레이딩 경험을 통해 조금씩 나만이 활용할 수 있 는 몇 가지 원칙을 인식하기 시작했다.

당시 내가 깨달은 투자원칙은 다음과 같다.

1. 투자정보 서비스에서 권하는 추천 종목을 따라하지 않는다. 그 러한 정보란 캐나다에서든 월 스트리트에서든 절대 확실한 것 이 아니기 때문이다.

2. 중개인의 조언에 경계심을 갖는다. 믿을 만한 중개인의 조언이
   라도 틀릴 수 있기 때문이다.

3. 아무리 오래되고 존중되는 격언이더라도 월가에서 떠도는 격언
   들을 무시한다.

4. 장외주식은 거래하지 않는다. 상장주식만을 거래해야 하는데,
   그 이유는 상장주식에서는 내가 팔고 싶을 때 언제든 사려는
   사람이 있기 때문이다.

5. 아무리 그럴듯한 근거가 있어 보여도 루머를 믿지 않는다.

6. 주식투자는 도박이 아니므로 기본적 분석에 의해 접근할 때만
   이 효과가 있다. 따라서 주식에 대한 연구를 열심히 해야 한다.

이상을 나만의 투자원칙으로 삼았고 이에 따라 행동하기로 결심
했다. 그리고 거래내역서의 수수료 지급 명세표를 자세히 확인하던
중 눈에 띄는 어떤 종목을 발견하게 되었고, 그것의 거래내역을 보
면서 일곱 번째 투자원칙을 세우게 되었다. 그리고 내가 주식투자를
하면서 새롭게 해야 할 일을 깨달았다. 나는 주식을 보유하기는 했
지만 내가 보유하고 있는 주식에 대해 알지는 못했던 것이다.

내게 일곱 번째 투자원칙을 일깨워준 주식은 바로 버지니안 레
일웨이(Virginian Railway)라는 주식으로 나는 이것을 1954년 8월,
29.75달러에 100주를 총 3,004.88달러에 매수했었다. 그 후 수많은
주식들을 전화로 사고팔고 하느라 바빠서 그만 이 주식에 대해서는
잊고 있었다. 그렇게 바쁘게 했지만 어떤 경우에는 겨우 75센트를
벌었을 뿐이고 어떤 경우에는 내려가고 있는 주식을 취소하거나 더

내려가기 전에 팔기 위해 황급히 전화를 거느라고 바빴다.

버지니안 레일웨이는 그동안 한번도 불안한 느낌이 들지 않았기 때문에 그냥 잊고 놔두었다. 그 주식은 마치 다른 수많은 나쁜 녀석들 때문에 골치를 썩는 동안 한구석에 얌전히 앉아 놀고 있는 착한 아이같은 주식이었다. 그날 문득 그 이름을 보고는 - 11개월 동안이나 보유하고 있었으면서도 - 그런 주식도 가지고 있었던가 싶었다. 그 주식은 그토록 조용했고 그 사이 그 주식에 대해서는 까맣게 잊고 있었던 것이다.

그런데 주식시세표를 들여다보니 그것이 43.5달러로 올라 있는 것이 아닌가. 그렇게 조용히 잊혀져 있으면서 배당금까지 주던 주식이 어느새 서서히 상승하고 있었던 것이다. 난 당장 팔아서 4,308.56달러를 받았다. 아무런 노력도 하지 않고, 심지어 걱정 한번 하지 않고 1,303.68달러의 이익을 본 것이다. 그 주식을 계기로 나의 일곱 번째 투자원칙이 어렴풋이 윤곽을 드러내기 시작한 것이다.

7. 한번에 여러 종목을 단기적으로 거래하는 것보다 하나의 상승 종목을 장기적으로 보유하는 것이 더 낫다.

하지만 어떤 종목이 상승종목인가? 나 혼자서 그것을 어떻게 알아낼 것인가?

그래서 버지니아 레일웨이를 한번 분석해 보기로 했다. 다른 주식들이 오르락내리락 하는 동안 이 종목이 안정적으로 꾸준히 상승한 원인이 무엇인가? 나는 중개인에게 조언을 구했는데, 그의 설명에 따르면 그 회사는 실적이 우량해서 많은 배당금을 지급했으며 재무제표가 매우 우수하다고 했다. 그제야 나는 그 주식의 꾸준한 상승세의 원인을 깨달았다. 그것은 바로 기본적인 면이 원인이었던 것이다. 이를 계기로 나는 기본적 접근 방법이 올바른 것임을 더욱 확신하게 되었으며, 이 방법을 계속 발전시켜 나가기 위해서 관련 전문서적을 읽고, 연구하고 분석했다. 그리고 이상적인 주식을 찾기 시작했다.

기업실적 보고서를 열심히 연구하기만 하면 그 회사의 주식에 관해 모든 것을 알게 되고 투자하기 좋을지도 알 수 있을 것으로 생각했다. 대차대조표와 손익계산서 보는 법도 배우기 시작했다. 자산, 부채, 자본화, 대손상각 등의 용어에도 익숙해졌다.

수개월 동안 이런 공부를 하느라 고생했다. 거래가 끝난 뒤에도 오랜 시간 수백 개의 상장기업들의 재무제표를 연구했다. 또 기업들의 자산, 부채, 순이익, 주가수익비율을 서로 비교해 보았다.

주로 많이 본 자료의 목록은 다음과 같다.

· 우량주로 평가되는 종목
· 전문가가 선호하는 종목
· 저평가된 종목
· 현금 포지션이 강한 종목(외환매도액보다 외화매입액이 큰 회사의 주식)
· 배당금 삭감이 한번도 없었던 종목

그러나 시간이 흐르면서 나는 또 똑같은 문제에 부딪히고 말았다. 서류상으로는 정말 완벽하고 대차대조표도 훌륭하고 전망도 밝은데 실제 주식시장에서는 그러한 분석 결과에 따라 주가가 움직여주지 않았다.

한 가지 예를 들자면, 몇몇 섬유회사의 재정 상태를 면밀히 비교, 분석해 본 결과 내가 볼 때는 아메리칸 비스코스(American Viscose)와 스티븐스(Stevens)가 가장 우량하다고 생각되었다. 그러나 실제 주가가 더 높아진 것은 내가 선정했던 종목들이 아니라 텍스트론(Textron)이라는 다른 종목이었고 난 그런 결과가 잘 이해되지 않았다. 그런데 더욱 놀라운 것은 다른 산업 부문에서도 마찬가지로 이런 패턴이 나타났다는 점이다.

나는 어리둥절하고 약간은 의기소침해져서 상장사의 실적을 평가할 때는 권위 있는 투자기관의 판단을 따르는 것이 어쩌면 더 현명할지도 모른다는 생각이 들었다. 그래서 중개인에게 그런 권위 있는 기관지가 있는지 물어보았다. 그는 대중적이면서도 깊이가 있고 상당히 믿을 만한 투자전문 월간지를 하나 추천해 주었다.

이 잡지는 수천 개의 주식에 대해 사업의 성격, 최근 20년간의 가격변동범위, 배당금 지급현황, 재무구조와 매해의 주당순이익 등과 같은 핵심 정보를 제공하고 있었다. 또 기업의 상대적인 안정성과 투자 가치에 따라 기업의 등급을 정하고 있었다. 사실 나는 등급이 어떻게 정해졌는지 알아보는 데 매력을 느꼈다.

배당금 지급이 상대적으로 높고 안정적인 주식일수록 높은 등급이 매겨지며 다음과 같이 분류한다.

AAA — 가장 안전함

AA — 안전함

A — 건실함

배당금 지급이 대체로 잘 이루어지는 주식은 투자할 만한 가치가 있는 주식으로 평가되며 다음과 같이 분류된다.

BBB — 동 분류 중에서 최고임

BB — 양호함

B — 보통임

배당금 지급을 하고는 있지만 미래가 불확실한 주식은 상대적으로 저평가되며 다음과 같이 분류된다.

CCC — 동 분류에서 최고임

CC — 배당금 지급 전망이 보통임

C — 배당금 지급 전망이 약함

가장 낮게 평가되는 주식은 다음과 같이 분류된다.

DDD — 배당금 지급 전망이 없음

DD — 투자가치가 불투명함

D — 투자가치가 전혀 없음

나는 평가된 내용을 상세히 살폈다. 사실 그런 결과는 너무나 간단한 것 같았다. 기관지에서 모든 것을 자세히 설명해 주고 있으므로 더 이상 재무제표나 손익계산서 등을 따로 분석해 볼 필요가 없었다. 그저 단순히 A는 B보다 좋고, C는 D보다 좋다는 식으로 그 결과를 비교하기만 하면 되었다.

나는 새로운 방식이 만족스러웠고 거기에 빠져들었다. 그것은 냉철한 과학의 소산이므로 상당히 매력적이었고 이것만 따른다면 더 이상 황당하고 근거 없는 소문의 희생양이 되지는 않을 것이라고 생각되었다. 난 냉정하고 객관적인 재무분석가가 되어가고 있었다.

드디어 부의 축적을 위한 기초가 마련되고 있다는 확신이 들었고 이제 정말 실력과 자신감이 생긴 것 같았다. 나는 다른 말은 듣지 않았고 누구에게도 투자를 위한 조언을 구하지 않았다. 그동안 해왔던 방식은 캐나다의 투기 시절이나 다름없이 철없고 경망스런 방법인 것 같았다. 성공을 이루기 위해 이제부터 필요한 것은 내가 스스로 비교 분석할 수 있는 자료를 구축하는 일이라고 생각되었다. 그리고 이러한 자료를 작성하기 위해 길고 힘들며 고달픈 시간들을 보내야 했다.

내게 닥친 첫 번째 위기

3장

많은 주식 서적을 탐독하면서 느낀 것은 주식도 마치 가축무리처럼 비슷한 업종끼리는 그룹을 형성하고 동종업계에 속한 주식들은 함께 움직이는 경향이 있다는 것이다.

우선 기본적 분석을 통해 ① 여러 업종 중에서 가장 유력한 업종을 선정하고, ② 해당 업종에서 가장 유력한 기업을 선정하는 것이 논리적으로 보였다.

이렇게 이상적인 주식이라면 '당연히' 오를 것이 분명하므로, 그 기업의 주식을 사서 보유하는 전략을 취해야 한다고 판단했다.

그때부터 나는 주식의 시세를 분석할 때 항상 업종시세와 관련해 보는 습관을 들였다. 제너럴 모터스(General Motors Corporation)의 시세를 보고 나면 자연스레 크라이슬러(Kreisler), 스튜드베이커

(Studbaker), 아메리칸 모터스(American Motors Corporation)의 시세를 확인하곤 했다. 또 카이저 알루미늄의 시세를 분석하기 위해서는 항상 레이놀즈 메탈스(Reynolds Metals), 앨코어(Alcoa), 알루미늄(Aluminum, Ltd.)의 주가도 함께 참조했다. ABC 순으로 나열된 주식 시세표 보다는 업종별 시세표를 보는 일이 잦았다.

어떤 주식이 그날 장세에서 움직임이 좋은 것 같으면 즉시 다른 유사 종목(동종업계의 다른 종목)의 시세를 찾아본다. 만약 유사주들도 상승하는 추세이면 해당 업종의 대장주(가장 활발히 움직이는 주도주)를 찾아낸다. 그러나 만약 주도주에서 이익을 보지 못할 것 같으면 다른 주에서도 마찬가지로 이익이 없을 것이라고 판단했다.

내가 이렇게 신중하고 과학적인 방법으로 투자하고 있다니 얼마나 기쁘고 자랑스러운가! 난 마치 갓 졸업한 유능한 금융전문가가 된 것 같은 기분을 느꼈다. 이 방법은 단순한 이론 이상이라는 생각이 들었고 이 방법을 옮긴다면 크게 수익을 낼 수 있을 것 같은 확신이 들었다.

나는 석유, 자동차, 항공, 철강 등 전체 업종별 수익에 관한 자료를 수집하기 시작했다. 그리고 각 업종의 과거 수익과 현재 수익을 비교하고 또 업종 간 수익을 서로 비교했으며, 각 업종의 수익성, 주가수익률, 자본구성 등을 자세히 검토했다. 마침내 엄청난 양의 자료를 집중해서 세밀히 분석한 끝에 나는 철산업의 수익성이 가장 좋다는 결론을 내렸다.

그러한 결론을 바탕으로 철강산업에 대한 세부 분석에 들어갔다. 그리고 내가 보는 평가기관지를 다시 한번 주의깊게 분석했다.

나는 안전한 종목에 투자하고 싶었다. 그래서 A등급에 올라 있으면서 배당금이 높은 주식을 찾아보았다. 그러나 놀랍게도 실제 A등급에 속하는 주식은 지극히 드물었고 혹시 있더라도 대부분 우선주였다. 우선주란 상대적으로 가격변동이 안정적이기는 하지만 크게 상승하는 일이 드물다. 이것은 명백히 내가 원한 것이 아니었다.

그래서 B등급에 속한 주식 중에 좋은 것을 찾아보기로 했다. B등급에 속한 것 중에는 좋은 것이 굉장히 많았다. 난 이 중에서 가장 잘 알려진 주식 5종목을 골랐다. 그리고 이 종목들을 철저히 상호 비교했으며 이를 위해 [표 3-1]과 같은 비교표를 작성했다.

[표 3-1]

회사	등급	가격 (1955년 6월 말)	주가수익률 (PER)	주당순이익(EPS)			1955년 예상	
				1952	1953	1954	순이익	배당
베들레헴 스틸 (Bethleham Steel)	BB	142,375	7.9	8.80	13.30	13.18	18.00	7.25
인랜드 스틸 (Inland Steel)	BB	79,375	8.3	4.85	6.90	7.92	9.50	4.25
유에스 스틸 (U.S. Steel)	BB	54,375	8.4	2.27	3.78	3.23	6.50	2.15
존스 앤 러플린 (Jones & Laughlin)	B	41.5	5.4	2.91	4.77	3.80	7.75	2.25
리퍼블릭 스틸 (Republic Steel)	B	47.25	8.5	3.61	4.63	3.55	5.50	2.50

내가 만든 표지만 난 이 표를 보며 희열을 느꼈다. 내 표는 저울의 바늘처럼 정확히 한 종목을 가리키고 있었다. 바로 존스 앤 러플린

이다. 이전에는 왜 아무도 이 종목에 관심을 갖지 않았는지 이해되지 않을 정도로 정말 모든 것이 완벽했다.

- 이 종목은 매우 유망한 업종에 속해 있다.
- 이 종목은 B등급으로 강력히 추천되고 있다.
- 거의 6%의 배당을 유지하고 있다.
- 이 종목의 주가수익률은 동 업종의 타 종목에 비해 높다.

말할 수 없는 감격이 밀려왔고 이 종목은 누가 뭐래도 황금의 열쇠같은 주식이었다. 내 손이 닿는 범위에 잘 익은 사과가 매달려 있는 것처럼 부가 눈앞에 보이는 듯했다. 이 주식은 나를 부자로 만들어줄 것이며, 과학적 근거를 통해 얻은 만큼 확실하고 강력한 또 하나의 '브리런드'가 될 것이다. 분명히 20~30포인트는 언제든지 상승할 수 있는 주식이었다.

단지 문제가 있다면 남들이 알아채기 전에 어서 많은 양을 매수해 두어야 한다는 것뿐이었다. 그러한 결론은 매우 정밀한 연구를 통해 얻은 것이기 때문에 난 내 판단을 믿었다. 그래서 가능한 모든 곳에서 돈을 구하기로 마음먹었다.

나는 수년간 무용수 생활을 하면서 모은 돈으로 라스베이거스에 약간의 부동산을 사두었는데 이것을 담보로 자금을 융통하고 가지고 있던 보험증서로 돈을 대출했다. 그리고 뉴욕의 라틴 쿼터(Latin Quater)라는 곳에서 장기공연 계약을 맺고 선수금을 받았다.

나는 전혀 망설이지 않았고 아무런 의심도 하지 않았다. 매우 과학적이고 신중한 연구 끝에 결정한 것이므로 잘못될 일은 아무것도 없을 것 같았다.

1955년 9월 23일에 나는 존스 앤 러플린 1,000주를 52.25달러에 신용거래(margin)로 매수했다. 그만큼의 주식을 사기 위해서는 5만 2,652.30달러가 필요했고 당시 나의 신용거래 증거금률은 70%였기 때문에 3만 6,856.61달러의 현금을 보유해야 했다. 이 금액을 마련하기 위해서 나는 전재산을 담보로 잡혔다. 전재산을 담보로 잡혀 주식을 매수하면서도 난 너무나 자신 있었다. 이젠 가만히 앉아서 내가 만든 완벽한 이론의 열매를 거둘 일만 남은 것이다.

그런데 9월 26일 청천벽력 같은 일이 벌어지고 말았다. 그토록 믿었던 존스 앤 러플린의 주가가 하락하기 시작한 것이다. 정말 믿을 수가 없었다. 어떻게 그럴 수가 있단 말인가? 이 주식은 분명 또 하나의 '브리런드'로서 내게 부를 안겨줄 종목이었다. 투기적으로 결정한 것도 아니고 믿을 만한 통계와 완전무결하고 독자적인 분석에 의해 결정했던 종목이었다. 그런데 그 주식이 계속해서 빠지고만 있었다.

나는 망연자실해 바라보고 있었고 차마 현실을 인정할 수 없었다. 난 너무나 당혹스러워 어찌할 바를 몰랐다. 팔아야 하나, 말아야 하나? 철저한 분석을 바탕으로 예상할 때 존스 앤 러플린은 적어도 주당 75달러의 가치가 있는 주식이었다. 이것은 일시적인 하락일 뿐이라고 스스로를 안심시켰다. 이것은 정말 하락할 이유가 전혀 없고 너무도 건실한 우량주이므로 곧 제자리로 돌아올 것이라고, 따라서 계속해서 보유하고 있어야 한다고 생각하면서 끝까지 지켜보기로 했다.

날이 갈수록 주가시세를 들여다보기가 겁났다. 중개인에게 전화할 때마다 떨렸고 신문을 펼 때마다 마음을 졸였다. 3포인트 하락한 후에 드디어 0.5포인트 반등하던 날 나의 희망은 다시 고개를 들었다. 드디어 회복이 시작되었다고 생각하면서 나의 두려움도 일시적으로 진정되었다.

그러나 다음 날부터 다시 내리막길이 계속되었고 10월 10일에는 44달러까지 내려갔다. 44달러가 된 것을 보자 걷잡을 수 없는 불안감에 휩싸여버렸다. 도대체 얼마나 더 빠질 것인가? 지금이라도 팔아야 하나? 아무것도 할 수 없는 무력감은 끔찍한 공포감으로 변했다. 1포인트 빠질 때마다 1,000달러의 손해가 발생하고 있다는 생각에 난 너무나 초조했다. 결국은 매도하기로 결심했고 이때 입은 손해는 9,069.18달러로 매도 후 정산금이 4만 3,583.12달러밖에 되지 않았다.

말 그대로 나는 망했던 것이다. 스스로 월 스트리트의 과학적인 투자자라고 믿고 있던 달콤한 착각은 순식간에 산산이 부서졌다. 마치 거대한 곰이 총을 겨누려고 준비하고 있던 나를 향해 덮쳐와 거칠게 할퀴어놓은 것 같았다. 도대체 과학이 어디에 존재하는가? 연구가 무슨 소용이 있는가? 내가 조사했던 통계자료는 무엇이었나?

그때 입은 손실로 인한 충격은 누구도 상상하기 어려울 만큼 컸다. 내가 무모한 투기꾼처럼 행동해서 그렇게 되었다면 이해할 수 있었을 것이다. 그러나 나로서는 최선을 다했고 오랜 시간 열심히 노력하고 준비했었다. 오류를 범하지 않기 위해서 내가 할 수 있는 모든 것을 했다. 끊임없이 연구·분석·비교했으며, 정말 신뢰할 만한 기본적 분석자료를 근거로 종목을 선택했다. 그러나 결과는 9,000달러나 되는 빚만 안고 패배하고 말았다.

내가 잃은 돈이 라스베이거스에 있던 재산과 맞먹는다는 것을 알게 되었을 때는 눈앞이 캄캄할 만큼 깊은 절망에 빠졌다. 파산에 대한 공포가 나를 엄습했다. 처음 브리런드 주에서 너무 쉽게 성공을 맛보았고 또한 돈을 벌기 쉬웠던 당시의 상승장에서 형성된 나의 자신감은 완전히 무너져 내렸다. 투기적 방법, 소스, 정보, 연구, 조사 등 주식 투자에 좋은 줄 알았던 방법이 모두 헛수고였고 모든 것이 잘못된 것이었다. 나는 더 이상 주식투자를 하지 못할 것 같았다.

그러나 다시 주식투자를 해야만 했다. 왜냐하면 잃어버린 재산을 되찾아야 했기 때문이다. 그러기 위해서는 손해를 복구할 수 있는 방법을 반드시 찾아야 했다. 그 해답을 찾기 위해서 나는 다시 매일 많은 시간 치열하게 주식시세표를 연구했다. 마치 감옥에 갇힌 사람이 탈출구를 찾는 심정으로 활발히 움직이는 주식들을 모두 눈여겨 관찰했다.

마침내 또다시 한 종목이 눈에 띄었다. 텍사스 걸프 프로듀싱 (Texas Gulf Producing)이라는 주식으로 그 동안 한번도 들어본 적이 없는 종목이었지만, 당시 상승추세인 것 같아 보였다. 사실 이 종목에 대해선 기본적 분석도 하지 않았고 관련된 소문도 전혀 들은 바가 없었지만, 내가 볼 때 이 종목은 매일 꾸준히 상승하고 있었다.

'과연 이것이 나를 수렁에서 건져줄 수 있을까'하는 불안감이 들었지만 한번 믿어보는 수밖에 없었다. 이젠 기대도 별로 없었고 그저 절망적인 심정으로, 손실을 만회하기 위한 마지막 승부처라고 생각하며 기본적 분석도 하지 않은 채 막연히 1,000주를 37.13달러와 37.5달러 사이에서 주문했고, 총 매수가는 3만 7,586.26달러였다.

나는 숨을 죽인 채 불안 초조한 마음으로 이 종목이 계속해서 상승하는 것을 지켜보았다. 드디어 40달러에 도달했을 때 난 매도해야 되지 않을까 하는 강한 유혹을 느꼈다. 하지만 팔지 않고 한번 견뎌보자는 생각이 들었고, 주식투자를 시작한 이래 처음으로 단타의 유혹을 거부했다. 이 종목에서 9,000달러의 손실을 복구해 보기로 단단히 결심했던 것이다.

그리고 한 시간마다 한 번씩 중개인에게 전화를 걸었고, 어떤 때는 15분에 한 번씩 건 적도 있었다. 정말 말 그대로 주식과 함께 숨을 쉬며 그 종목의 일거수일투족을 주시하고 따라다녔다. 마치 갓난아기에게서 한시도 눈을 떼지 못하는 부모처럼 조심스러운 마음으로 주식의 움직임을 관찰했다.

5주 동안 팽팽한 긴장감 속에 지켜보던 어느 날, 마침내 주가가 43.25달러에 도달했다. 이젠 더 이상의 행운을 바라는 것도 무리인 것 같아서 나는 매도주문을 냈으며 4만 2,840.43달러를 받았다. 이때 본 이익으로 존스 앤 러플린으로 잃은 9,000달러를 전부 되찾지는 못했어도 반 이상 복구했다.

텍사스 걸프 프로듀싱을 팔았을 때의 느낌은 마치 오래된 중병에 걸린 사람이 한 고비를 넘긴 것 같았다. 난 너무 지치고 허탈했고 기진맥진했지만, 한 줄기 빛이 비치며 새로운 문이 열리는 것 같았다. 이런 기분이 드는 가운데 나에겐 한가지 의문이 생겼다.

도대체 기업실적이나 업종별 시세, 회사의 등급, 주식수익률 이런 것들을 연구 분석하는 것이 무슨 효과가 있을까? 나를 위기에서 구해준 주식은 다름 아니라 아무것도 모르고 투자했던 주식이 아닌가. 그저 단순히 '오름세인 것 같다'라는 이유만으로 그 종목을 선택했던 것이다. 그것이 정답이었단 말인가? 어쩌면 그럴지도 몰랐다.

아무튼 존스 앤 러플린에서 얻은 지독한 실패의 경험은 나름대로 내게 큰 의미가 있었고 결코 헛되지 않았다. 이러한 경험을 통해 막연히나마 나만의 이론을 정립하기 시작했던 것이다.

HOW I MADE
$2,500,000
IN THE
STOCK MARKET

Part **3**

기술적
분석가가 되다

박스이론의
개발

4장

존스 앤 러플린에서 쓰디쓴 경험도 해보고 텍사스 걸프 프로듀싱에서는 운 좋게 이익을 보기도 하면서, 나는 내가 처한 위치를 진지하게 재평가해 보게 되었다. 그때까지의 경험에서 주식시장이 얼마나 두려운 곳인지 충분히 느끼고 실패도 많이 해봤기 때문에 이제는 주식시장이 운만 좋으면 슬롯머신에서 돈이 쏟아지듯 일확천금을 얻을 수 있는 요술기계가 아니라는 것을 깨닫게 되었다.

사실 어떤 분야에서든 운이 좋아서 성공하는 사람들은 있지만, 그렇다고 나도 운이 있을 거라고 기대하고 주식투자를 해서는 안된다는 생각을 하게 되었다. 운이 따르는 것도 한두 번이지 계속 운이 있을 수는 없는 것이다.

물론 이것은 나에게도 마찬가지다. 따라서 주식투자를 위해서는 주식에 대한 지식이 필요하고 시장의 운용원리를 파악해야 한다. 규칙을 모르고서야 어떻게 '브리지 게임'을 할 수 있으며, 상대의 수를 읽지 못하면서 어떻게 체스 게임에서 이길 수 있겠는가? 투자도 게임과 마찬가지로 거래하는 법을 모르면 성공할 수 없다. 나는 돈을 건 게임을 하는 것이고, 게임의 상대방은 바로 최고의 실력을 가진 전문가들이다. 하물며 게임의 기초도 모르면서 이런 전문가들을 상대로 어떻게 게임을 벌일 수 있단 말인가.

그래서 우선 과거에 했던 투자방식을 검토해 보기로 했다. 나는 기본적 분석에 의한 투자에서는 오류를 범했으나, 기술적 분석에 의한 투자에서는 성공을 거두었다. 그렇다면 분명히 텍사스 걸프 프로듀싱에서 사용했던 투자방법을 계속 이어나가는 것이 성공을 위한 최선의 방법일 것이다.

기술적 분석 역시 쉬운 일이 아니었으며, 나는 매일 저녁 많은 시간을 투자해 주식시세표를 보면서 기술적 분석을 익혔고 좋은 주식이 없는지 탐색했다. 그러던 중 엠앤엠 우드 워킹(M&M Wood Working)이라는 주식을 발견했는데, 이 주식의 재무정보에 관해서는 어떤 투자정보지에서도 다루고 있지 않았고 중개인도 그 주식에 대해서는 들은 바가 없다고 했다. 하지만 매일 그 움직임을 보면 텍사스 걸프 프로듀싱이 생각나서 관심을 지울 수 없었기에 계속 지켜보기로 했다.

이 주식은 1955년 12월에 15달러였는데 연말이 되자 23.63달러가 되었다. 그러다가 5주 동안 횡보하더니 다시 거래량이 늘고 주가도 오르기 시작했다. 이때 나는 26.63달러에 500주를 매수하기로 결정했다. 이후 주가는 상승했고 나는 추세를 주시하면서 보유 상태를 유지했다. 주가는 꾸준히 올랐고 거래량도 계속 증가했다. 마침내 33달러가 되었을 때 매도를 결심했고 이때 본 이익은 2,866.62달러였다.

난 너무 기쁘고 흥분되었다. 내가 기뻤던 이유는 단지 돈을 벌어서가 아니었으며, 텍사스 걸프 프로듀싱을 샀을 때처럼 순전히 시장의 흐름에 근거해 엠앤엠 우드 워킹이라는 주식을 알아보고 샀기 때문이다. 그 주식에 대해서는 아무것도 몰랐고 또한 알아낼 방법도 없었다. 그저 지속적인 오름세와 높은 거래량에 착안해 남들이 이 주식에 대해 많이들 알고 사는 것이라고 가정했을 뿐이다.

이러한 예상을 적중했다. 내가 그 주식을 매도한 후에 신문에 그 회사의 합병 소식이 전해졌다. 합병은 비밀리에 진행되고 있었으며 그 때문에 주가가 꾸준히 올랐다는 것이다. 이 회사를 인수한 회사는 주당 35달러에 엠앤엠 우드 워킹을 인수하기로 결정했고 이 회사는 이 제안을 수락하기로 했다는 것이다.

나는 이런 전후 사정을 전혀 모르고도 최고가에서 2포인트 모자라게 매도한 셈이다. 이 회사에 대해 아무것도 몰랐으면서도 순전히 주가의 흐름만을 기초로 판단해 매수했는데 합병이라는 호재의 덕을 보고 수익을 올렸다는 점에 난 너무나 고무되었다. 마치 그 회사의 내부자처럼 행동했던 것이다.

이때 나는 단순히 기술적 분석의 우위성을 확인하는 이상의 경험을 했다. 즉, 다른 모든 요소와 관계없이 주가의 흐름과 거래량만 분석해도 긍정적인 결과를 얻을 수 있음을 알게 되었다.

이제 이런 관점에서 매매하는 연습을 하기로 했다. 주가와 거래량을 정확히 분석하는 것에 치중하고 그 밖의 루머나 소스, 회계자료에 관한 기본적 정보는 전부 무시하기로 했다. 주가 상승의 이면에 있는 원인을 알기 위해 애쓰지 않기로 했다.

왜냐하면 어떤 회사의 기본적 재정 상태가 호전될 만한 일이 발생한다면 이것은 곧 주가와 거래량에 반영되므로, 이것만 보고도 사람들이 이 주식을 사고 싶어하는지 판단할 수 있기 때문이다. 다만 엠앤엠 우드 워킹의 경우와 같이 주가 상승의 초기 단계에 상향 조짐을 파악하는 훈련을 한다면 그 원인을 모르더라도 일찍부터 주가 상승의 대열에 합류할 수 있게 될 것이다.

문제는 과연 이러한 변화를 어떻게 알 수 있느냐이다. 나는 오랜 궁리 끝에 한가지 기준을 마련했다. 바로 주식을 사람과 비교하는 것이다.

만일 어떤 야성미 넘치는 미녀가 테이블 위로 올라가 격렬한 춤을 춘다면 어느 누구도 크게 놀라지는 않을 것이다. 왜냐하면 사람들은 그녀가 그런 종류의 성격을 가졌으리라 기대하기 때문이다. 그러나 나이가 지긋한 점잖은 부인이 갑작스럽게 그런 행동을 한다면 사람들은 그녀를 비정상으로 볼 것이고 즉시 이렇게 말할 것이다.

"별일도 다 있군. 대체 왜 저럴까."

마찬가지로 만일 늘 변동이 없던 주식의 움직임이 갑자기 활발해지면 무언가 평소와 다름을 짐작할 수 있다. 이때 가격 상승이 수반된다면 매수를 생각해 볼 수 있다. 즉, 이 주식의 심상치 않은 행동 뒤에는 어딘가에서 좋은 소식을 미리 알고 매수하고 있는 사람들이 있다는 뜻이다. 이때 이 주식을 매수한다면 나 역시 그들과 무언의 동지가 될 것이다.

나는 이 방법을 시도해 보았다. 어떤 때는 성공했지만, 어떤 때는 그렇지 못했다. 그러나 이때도 나는 나의 판단능력이 아직 충분히 성숙되지 않았음을 모르고 있었고 나만의 이론에 따라 투자해도 좋다고 확신하고 있었지만 그것은 단지 다듬어지지 않은 초보 이론에 불과했다.

1956년 5월에 피츠버그 메탈러지컬(Pittsburgh Metallurgical)이란 주식을 알게 됐는데 당시 주가는 67달러였다. 이 주식은 움직임이 상당히 빠르고 활발한 주식이었기 때문에 앞으로도 계속 빠른 속도로 상승할 것이라고 예상되었다. 그리고 변동폭이 점점 커지는 것을 확인하고 나는 200주를 총 1만 3,483.40달러에 매수했다.

나는 나의 판단을 너무나 확신하고 있었기 때문에 경계심을 늦추고 있었고 주식이 약해지는 모습을 보여도 가벼운 조정이려니 생각했다. 그리고 약간의 후퇴 뒤에는 더 큰 상승이 기다리고 있을 것이라고 믿었다. 그 후 예상대로 큰 폭의 변동은 있었으나 그 방향은 정반대였다. 열흘 후 피츠버그 메탈러지컬은 57.75달러로 내려앉았고 결국 여기서 매도했는데 손실액은 2,023.32달러에 달했다.

무언가 잘못되어도 단단히 잘못되었다. 어느 모로 보나 그 주식이 최고의 유망주였음이 명백했는데 어떻게 사자마자 빠질 수 있단 말인가. 게다가 더욱 기가 막히는 것은 내가 팔자마자 다시 오르기 시작했다는 것이다.

원인을 알아보기 위해 그 주식의 과거 동향을 살펴보았는데 알고 보니 이미 18포인트나 오른 주식을 상투에서 잡았던 것이다. 당연히 그 후 한동안 조정을 받았고 거의 이런 시점에서 내가 뛰어들었으며 사자마자 하락의 길로 접어든 것이다. 종목 선택을 확실히 올바르게 했는데 매수 시점이 좋지 않았다.

지나서 생각해 보니 실패의 원인을 정확히 알 수 있었다. 그 주식이 나중에 보여준 행보의 의미가 무엇인지도 깨닫게 되었다. 그러나 이것은 결과론적인 생각일 뿐이고 문제는 주가가 그렇게 되는 당시에 이를 예측, 판단해야 한다는 점이다.

이는 사실 단순한 문제이지만 너무 광범위하기 때문에 한편 복잡하기도 하다. 투자정보지나 회사의 재무제표가 무용지물이고 분석에 별로 도움이 되지 않으며 기업에 대한 정보도 의혹이 많고 틀린 경우가 많으므로 참고할 필요가 없다는 생각을 벌써부터 하고 있었다.

그렇지만 지푸라기라도 잡는 심정으로 나는 다시 한번 개별주식들의 동향을 철저히 분석해 보기로 했다. 각 주식은 어떤 식으로 움직이는가? 그러한 움직임의 특징은 무엇인가? 그러한 움직임에 일정한 변동 패턴이 존재하는가?

나는 열심히 투자정보지와 주식시세표를 탐독하고 수없이 많은 차트를 연구했다. 그런데 연구를 거듭함에 따라 이전에는 알지 못했던 새로운 사실을 발견하게 되었다. 즉, 주가변동이란 결코 우연히 발생하지 않는다는 사실이다. 주가란 어디로 튈지 모르는 공이 아니다. 마치 자석에 이끌리듯 미리 정해진 방향으로 상승 또는 하락하며, 일단 하나의 방향이 정해지면 한동안 그 방향으로 계속해 움직이는 경향이 있다. 이렇게 정해진 방향으로 가면서도 주가는 일정한 틀 안에서 움직임을 반복하는데, 나는 이러한 틀을 '박스(box)'라고 불렀다.

주가는 저점과 고점 사이에서 일관성 있게 진동하며 그렇게 오르락내리락한 자취로 둘러싸인 구간은 박스 모양 또는 하나의 틀(frame)모양을 형성한다. 나에게 박스의 존재는 점점 명확해져 갔다.

이것이 나의 '박스이론'의 출발점이었고 이 이론은 내게 성공을 가져다 주었다.

내가 박스이론을 적용시킨 방법은 이러하다. 즉, 내가 관심을 갖고 있는 종목의 주가에 일정한 박스들이 형성되고 이 박스들이 높은 순서에 따라 피라미드 형태를 이루고 이 중 가장 높은 가격대의 박스에 주가가 위치해 있으면 이 종목을 주시하기 시작한다. 주가는 박스 안에서 위아래로 뛰어오를 수 있는데, 내가 가장 좋아하는 모습은 바로 이런 모습이다. 박스의 크기, 즉 그 박스 안에서 주가의 저점과 고점을 결정하고 나면 그 박스 안에서 주가는 마음대로 움직이지만 그 틀을 벗어나지는 못함을 알 수 있다. 만약 박스 내부에서 주가의 변동폭이 적으면 난 그 주식에 실망하고 다른 주식을 본다.

변동폭이 없다는 것은 움직이지 않는다는 뜻이며, 이는 침체되어 있는 주식이라는 뜻이다. 움직임이 둔한 주식은 크게 오를 확률이 적기 때문에 나는 이런 주식에는 관심을 두지 않았다.

예를 들어 어떤 주식이 45/50달러 사이의 박스 안에서 움직인다고 가정하자. 주가는 이 범위 안에서 얼마든지 변동할 수 있으며, 나는 이 상태에서는 계속해서 매수를 고려한다. 그러나 주가가 44.5달러로 빠진다면 매수 가능성을 버린다.

왜냐하면 45달러 미만으로 내려갔다는 것은 그보다 더 낮은 범위의 박스로 진입하기 시작했음을 뜻하며, 이미 하향추세에 들어섰음을 반영하는 것이다. 나는 주가가 상승추세에 있을 때만 매수했다.

주가는 때로 몇 주씩 박스 안에 머무르기도 했다. 그러나 주가가 그안에 머물러 있는 동안은 얼마나 거기에 있을지를 전혀 신경 쓰지 않았다. 주가가 박스권 밖으로 벗어나 하락하지만 않는다면 그것은 상관없었다.

45/50 의 박스권 안에 있다는 것을 예를 들어 주가가 다음과 같이 되는 경우이다.

45 - 47 - 49 - 50 - 45 - 47

다시 말해 주가가 50달러까지 오른 뒤에 다시 45달러까지 밀리고, 거의 46달러나 47달러 부근에서 언제나 마감한다. 이런 경우 그날의 최고가는 50달러, 최저가는 45달러가 되며, 나는 이런 때가 가장 좋았다. 주가가 박스 안에 머물러 있기만 하면 되는 것이다. 이렇게 계속 지켜보다가 주가가 박스권을 벗어나 훨씬 더 높은 범위로 이동하면 이 주식을 매각한다. 즉, 주가가 상승추세일 때만 매수한다.

박스권이 이동하는 과정에 대해 정해진 규칙은 없다. 그러므로 유심히 관찰하고 있다가 그때그때 상황에 따라 대응해야 한다. 변하기 쉽고 잘 끓어오르는 종목은 단 몇 시간 만에도 박스가 이동하는 모습을 보인다. 또 어떤 종목은 며칠이 걸리기도 한다. 단지 우리가 주목해야 할 박스의 움직임은 45/50 범위의 박스에서 더 상위에 있는 박스로 끌어 올려지느냐이다. 예를 들면, 다음과 같은 움직임을 보여주어야 한다.

48 - 52 - 50 - 55 - 51 - 50 - 53 - 52

이 경우 50/55의 가격 범위 안에서 또 하나의 박스가 형성되었음을 볼 수 있다.

위에서 이야기한 것은 하나의 예에 불과하므로 오해가 없기를 바란다. 중요한 것은 박스의 범위를 결정하는 것이다. 이것은 물론 주식마다 다르다. 어떤 종목은 기껏해야 10% 미만의 매우 작은 폭으로 움직이기도 하고, 또 어떤 것은 15~20%의 큰 폭으로 진동하기도 한다. 문제는 이러한 범위를 정확히 판단해 내가 산 주식이 박스권 밖으로 내려가지 않도록 하는 것이다. 나는 그렇게 예상 범위 이하로 내려가는 경우가 생기면 지체 없이 팔았다. 그것은 올바른 방향으로 움직이는 것이 아니기 때문이다.

그러나 박스 안에 머물러 있는 상태라면, 혹시 55달러에서 50달러로 하락해도 정상적인 것으로 본다. 즉, 매도해야 할 만큼 주가가 하락한 것이 아닌 것이다. 물론 그 반대도 마찬가지다.

무용가는 공기 중으로 높이 도약하는 동작을 하기 전에 잠시 움츠리는 자세를 취한다. 나는 주식도 이와 같다는 것을 깨달았다. 알고 보면 갑자기 50달러에서 70달러로 뛰어오르는 주식은 없었다. 다시 말해, 상승세를 타고 50달러까지 오른 주식이 다시 45달러로 후퇴하는 현상은 마치 무용가가 도약을 준비하기 위해 움츠려 있는 것과 같았다.

나중에 주식 경험이 더 쌓이면서 느낀 것이지만, 고점인 50달러까지 오른 후에 오는 45달러는 또 다른 중요한 기능을 하고 있었다. 이렇게 약간 주춤하는 사이에 겁 많고 소심한 투자자들은 이것을 진정한 하락이라 믿고 매도해 버린다. 그래서 이들의 물량이 빠져나가고 나면 그만큼 매도 압력이 적어지기 때문에 이후 더 빠른 상승이 가능해 지는 것이다.

또 확실한 상승추세에 있는 종목은 그 상승 움직임에 어떤 비례적인 흐름이 존재한다. 예를 들어 50달러에서 70달러로 올라간다고 하면, 전체적으로 상승하고 있으면서도 가끔식 하락하는데, 그러한 상승과 하락의 반복이 일정한 리듬을 타고 나타난다.

한 가지 예를 들자면 이러하다.

50 - 52 - 57 - 58 - 60 - 55 - 52 - 56

이때 박스의 범위는 52/60 달러가 된다.

그 후 계속 오르락내리락하면서 상승하다가 다음과 같은 모습을 보인다.

58 - 61 - 66 - 70 - 66 - 63 - 66

이제는 63/70 달러 범위에서 움직이며, 이때도 여전히 나는 더 올라갈 것이라고 생각한다.

그런데 정작 문제는 매수시점을 언제로 보아야 할지였다. 논리적으로 생각하면 당연히 새로운 상위 박스권에 진입하기 시작할 때일 것이다. 그러나 그 시점을 정확히 포착하기란 그렇게 쉬운 일이 아니었다. 루이지애나 랜드 앤 익스플로레이션(Louisiana Land&Exploration)

이라는 주식을 보면 이해할 것이다.

나는 여러 주 동안 이 주식을 지켜보았고 피라미드형으로 박스들이 형성되고 있음을 확인했다. 그리고 그 중 가장 상위의 박스에서 고가가 59.75달러가 되던 때 내가 정확히 보았다는 느낌을 받았고 중개인에게 전화해 61달러가 되면 나에게 알려달라고 부탁했다. 왜냐하면 다음 번 박스는 61달러에서 시작할 것 같은 예감이 들었기 때문이다. 그러나 정작 61달러에 도달해서 중개인이 연락했을 때는 내가 마침 숙소를 비우고 있었기 때문에 전화를 받지 못했다. 무려 2시간 만에 통화가 되었는데 이때는 이미 63달러까지 오른 뒤였다. 절호의 기회를 놓친 것만 같아 난 너무나 속이 상했다.

61달러가 눈앞에서 지나가는데도 사지 못한 것이 너무 화가 났고 순식간에 63달러까지 가는 것을 보니 정말 아까운 것을 놓친 것 같았다. 하지만 이미 오른 것을 흥분해서 살 수는 없었다. 그래서 사지 않고 있었는데 난 또 한 번의 실수를 한 것이다. 얼마를 주고라도 그때 샀어야 했다. 틀림없이 많이 오를 것이라 생각했다면 그때라도 매수세에 가담했어야 했던 것이다.

그 후 이것은 63.5 - 64.5 - 65달러까지 가고야 말았다. 내 판단이 옳았는데 그만 실수한 것이다! 난 정말 억울해서 견딜 수가 없었고 그래서 늦게라도 들어가야겠다 싶어 65달러에 100주를 매수했다. 하지만 이미 새로운 박스권의 바닥은 놓친 상태였고 결국 이 값이 '상투'가 되고 말았다.

종목 선택 기술은 많이 좋아졌는데도 난 아직 월 스트리트에서는 초보를 벗어나지 못하고 있었다. 그래서 중개인에게 이런 고민이 있다고 호소하면서 61달러일 때 아깝게도 전화를 받지 못한 문제에 대해 서로 이야기했다. 그러자 그는 '지정가'에 자동매수주문을 넣었더라면 좋았을 것이라고 했다. 자동매수주문이란 내가 61달러에 사고 싶으면 주가가 61달러 되었을 때 자동으로 매수하는 것을 말한다. 즉, 어떤 주식을 원하는 가격에 사려고 할 때, 주가가 그 가격대에 이르면 자동으로 주식을 매수하도록 미리 주문을 넣어두는 방법이다. 그러면 그 가격이 되었을 때 별도로 중개인과 상담할 필요 없이 바로 주식을 매수할 수 있는 것이다. 그래서 그렇게 하기로 결정했다. 내가 원하는 때에 자동으로 살 수 있게 되면서 그 문제는 해결되었다.

이 무렵 나의 박스이론은 확실히 정립되어 갔고 그것을 응용하는 방법도 확고히 자리잡아 갔으며, 이후 세 번 연속 성공을 가져왔다.

나는 앨러제니 루드럼 스틸(Allegheny Ludlum Steel)을 45/50 박스권에 진입하려 할 때 샀다. 45.75달러에 200주를 매수해서 3주 후에 51달러에 매도했다.

이어서 드레서 인더스트리스(Dresser Industries) 300주를 84/92 박스권에 들어가기 시작할 때 샀다. 84달러에 샀는데 박스권 안에서의 진행 모습이 좋지 않아서 86.5달러에 매도했다.

또 쿠퍼 베세머(Cooper-Bessemer) 300주를 40/45 박스권의 바닥인 40.75달러에서 사서 45.13달러에 팔았다.

이렇게 세 번의 거래에서 얻은 수익은 총 2,442.36달러였다.

그 당시 나는 상당한 자신감을 얻었지만 그 후 자신감에 상처를 입는 일이 생기면서 결코 이론만으로는 완벽하지 않음을 느끼게 되었다. 8월에 노스 아메리칸 에비에이션(North American Aviation) 500

주를 94.38달러에 매수했다. 그 주식은 100달러 이상에서 새로운 박스를 형성하려는 것 같아 보였다. 그런데 아쉽게도 그 반대였다.

사자마자 상황이 반전되더니 빠지기 시작한 것이다. 1포인트 빠졌을 때 팔았어야 했다. 하다못해 1포인트 더 빠졌을 때라도 늦지 않았던 것이다. 그러나 나는 끝까지 고집을 부리고 팔지 않았던 것이다. 내 자존심이 도저히 허락하지 않았다. 나의 박스이론은 위기를 맞았지만 이 주식이 더 이상 내려가지는 않을 것이라 되뇌며 끝까지 버리지 못하고 있었다. 지난날에 배웠던 것을 다 잊고 있었던 것이다.

주식시장에 '있을 수 없는 일'이란 없는데, 어떤 주식이 어떻게 될지 모르는 곳이 주식시장인데 그런 집착을 보였다. 결국 그 다음 주말이 되었을 때 나는 이전 세 번의 거래에서 얻은 수익을 모두 잃고 말았다. 난 다시 원점에 오고 말았다.

이때의 경험은 내 주식 인생에서 중요한 전환점이 되었다.

이 즈음에 내가 얻은 교훈은 다음과 같다.

1. 주식시장에 확실한 것은 없다. 그러므로 그동안 반 이상 실패할 수밖에 없었다.
2. 이 사실을 인정하고 그에 대처해야 한다. 자존심과 고집을 억제해야 한다.
3. 공명정대하고 냉정한 진단자가 되어야 한다. 즉, 어느 특정한 이론이나 주식에 집착해서는 안 된다.
4. 단순히 되든 안 되든 모험을 해보는 식의 투자를 해서는 안 된다. 무엇보다 중요한 것은 최대한 위험부담을 줄여야 한다는 것이다.

이렇게 결정한 후 제일 먼저 취한 조치는 '손실에 빨리 대처하기 (quick-loss)'였다. 내가 투자하는 것 중 절반 정도는 잘못되었음을 느꼈다. 그러나 왜 실수를 현실적으로 인정하지 못하고 손해를 조금 보았을 때 즉시 팔지 못했던가? 25달러에 산 주식이 24달러 밑으로 내려가고 있는데도 왜 곧바로 매도주문을 내지 못했던가?

그래서 나는 일정한 가격에 다다를 때 자동으로 매수주문하는 지정가 주문을 냄과 동시에 그 주식이 내려갈 경우 자동으로 매도하는 손절매 주문을 같이 내기로 했다. 손실을 안고 하룻밤을 넘기는 것은 어리석은 짓이다. 내가 산 주식이 예상했던 가격 밑으로 내려갔는데도 그것을 그대로 보유한 채 하루를 넘기는 것은 위험하다.

물론 단 1포인트를 손해 보지 않기 위해 손절매했는데, 팔아버리고 난 후 다시 주가가 상승하는 일도 있을 수 있다. 그러나 나의 결론은 이것이 큰 손실을 입는 것보다는 낫다는 것이다. 또 나중에 비록 그보다 더 높은 가격에 사더라도 언제든지 다시 살 수 있는 기회가 있기 때문이다.

그리고 두 번째 중요한 조치를 취했다.

내가 했던 거래 중 절반만 잘하고 절반만 잘하지 못했다면 그것은 성공에 대한 해답이 되지 못한다. 이렇게 반만 잘하고 반은 못한다는 것은 수익과 손실이 똑같다는 것이다. 나는 왜 수익과 손실이 같으면 결국 파산할 수밖에 없는지 그 원인을 이해하기 시작했다. 우리는 매번 거래할 때마다 수수료라는 비용을 지급해야 한다. 예를 들어서 내가 1만 달러를 투자하고 중간 가격대의 주식을 산다고 하면, 그때마다 드는 비용은 매수시 125달러, 매도시 125달러가 된다.

이 중 절반은 옳게 해서 수익과 손실이 같았다고 가정하자. 그러나 투자로 인한 원금 손실이 없어도 한 번 거래시 250달러의 수수료가 나간다. 계속해서 이런 식으로 투자한다면 결국 손해를 한번도 보지 않고도 40번밖에는 거래하지 못하게 되고 원금까지 탕진한다. 순전히 수수료로 전부 나가는 것이다. 이와 같이 수수료라는 것은 생쥐처럼 매 거래시마다 원금을 조금씩 갉아먹어서 결국은 내 돈을 전부 먹어버린다.

[표 4-1]

▶ $20에 500주 매수 : 지불총액(수수료 포함) → $1만 125.00

▶ $20에 500주 매도 : 환불총액(수수료 공제) → $9,875.00

손실 : $250.00

▶ 왕복 $250 × 40번 거래 = $10,000

이런 위험에 대응하는 방법은 한 가지밖에 없다. 바로 이익이 손해보다 커야 하는 것이다.

경험이 늘어가면서 내가 극복해야 할 가장 큰 문제점은 올라가고 있는 주식을 너무 조급히 팔아버리는 나 자신을 억제하는 일이었다. 나는 소심한 겁쟁이처럼 조금만 오르면 금방 팔아버렸다. 만일 25달러에 산 주식이 30달러로 올랐다고 한다면, 다시 빠질까 두려워 더 오래 두지를 못하고 팔아버렸다. 어떻게 해야 올바른 방법인지 다 알면서도 항상 그 반대로 행동해 왔던 것이다.

그래서 항상 겁먹지 않도록 훈련한다는 것이 나로선 어려울 것 같아 차라리 다른 방법을 택하기로 했다. 오르는 주식을 그대로 계속 보유하면서 반대로 내려갈 때는 언제든 손절매 주문이 나갈 수 있도록 지정해 두는 것이다. 일정한 거리를 두고 시세를 보면서 의미 없는 가격 변동에는 동의하지 않는다. 그러나 진정한 하락세로 돌아서서 빠지기 시작하면 즉시 매도한다. 이렇게 한다면 내가 얻는 것보다 더 많이 시장에 빼앗기는 일은 없을 것이다.

그렇다면 매도시점은 어떻게 결정하는가?

나는 최고가에 판다는 것은 불가능한 일임을 인정했다. 사실 누구도 정상에 팔지는 못할 것이다. 항상 그렇게 할 수 있다는 사람이 있다면 그것은 거짓말이다. 왜냐하면 계속 오르고 있는 주식을 파는 것은 단지 그때의 매도시점이 정상이라 추측해 파는 행동에 불과하며, 그것이 얼마나 더 오를지는 아무도 모르기 때문이다.

이것은 마치 그 유명했던 뮤지컬 〈마이 페어 레이디〉가 200회 공연 후에 흥행을 멈출 것이라고 예상하는 것과 같다. 혹시 300회, 400회 공연을 하고 나서 인기가 수그러들지 누가 알겠는가. 공연 횟수가 그렇게 되지 못할 것이라고 예상하는 근거가 무엇인가? 바보가 아니고서는 매일 밤 극장이 꽉 차는 것을 보면서 쇼를 중단할 극장주는 없을 것이다. 빈 좌석이 나오는 것을 본 후에 공연 중단을 고려해도 늦지 않기 때문이다.

매도 문제를 쉽게 이해하기 위해 나는 브로드웨이의 공연에 비추어 보았다. 주가가 계속 오르는데도 매도한다면 나도 중간에 공연을 그만두는 극장주처럼 바보가 되는 것이다. 그렇다면 언제 매도 해야

나는 주식투자로 250만불을 벌었다

하나? 박스는 언제부터, 무슨 이유로 반전을 시작할까? 언제 피라미드가 무너질까. 그때가 바로 쇼의 막을 내리는 날이고 매도하는 시점인 것이다. 나의 자동 손절매 주문은 주가상승의 배후에서 움직이면서 자동으로 하락에 대비하는 안전장치다.

이렇게 결정하고 나서 나는 주식투자의 목표를 재정비했다.

1. 우량한 주식
2. 최상의 매매시점
3. 손실 최소화
4. 이익 극대화

그리고 내가 활용할 수 있는 투자기법을 생각해 보았다.

1. 가격과 수량
2. 박스이론
3. 자동 매수주문
4. 손절매 매도주문

이를 중심으로 다음과 같은 기본 전략을 세웠다. 즉 상승추세를 따라 움직이되, 언제든 손절매할 준비를 한다. 그리고 상승추세가 지속되면 매수세를 늘리고, 추세가 반전되면 재빨리 도망쳐나온다.

그러나 사실 이것은 말처럼 쉬운 일이 아니었다. 이렇게 되기 위해서는 수없이 많은 장애를 극복해야 했다. 주식투자는 추측에 의해 이루어지는 일이 많다. 사실 나의 판단이 절반은 맞았다고 생각하는 것도 낙관적인 생각일 것이다. 그만큼 추측이란 어려운 일이다. 나는 그 어느 때보다도 가장 정확히 나의 문제를 꿰뚫어보고 있었다.

올바른 예측을 위해서는 주식에 대해 냉정하고, 감정에 흔들리지 않는 태도를 유지해야 한다. 그리고 오르는 주식을 보고 이성을 잃고 쫓아다니거나 내려가는 주식에 흥분하고 화를 내서는 안 된다. 주식은 사람이 아니므로 좋은 주식이나 나쁜 주식은 없으며 단지 오르는 주식과 내려가는 주식이 있을 뿐이다. 그러므로 오르는 주식은 보유하고 내려가는 주식은 냉정히 팔아야 하는 것이다.

이렇게 하기 위해서는 무엇보다도 어려운 것을 실천해야 한다. 감정 – 공포, 희망, 탐욕 등 – 을 억제해야 하고 엄청난 자기조절이 필요하다. 물론 잘 알고는 있었지만 그대로 실천하기란 너무 어려웠기 때문에 나는 어둠 속에서 바로 옆에 있는 스위치를 못 찾아 더듬거리는 사람처럼 답답했다.

5장

국제전신을 통한 주식거래

새로운 원칙을 정립해 막 투자를 시작하려던 즈음에 나는 2년동안의 세계 순회 공연에 출연하게 되었다. 그러다 보니 뜻하지 않은 많은 문제에 부딪히게 되었다. '지구 반대편에 있으면 거래를 어떻게 계속할 수 있을까?' 그리고 갑자기 중개인과 통화가 안 되어서 고생했던 기억이 생생히 떠오르면서 '뉴욕에서도 그런 일이 생길 수 있는데, 하물며 수천 마일 떨어진 곳에서 만약에 전화가 안 되면 어떻게 해야 하나?' 하는 걱정이 앞섰다. 그래서 중개인에게 상의했더니 전신을 이용하면 서로 연락을 유지할 수 있다는 것이었다.

또 주식의 동향을 파악할 수 있도록 금융 주간지 《배런스 Barron's》를 발행하는 즉시 나에게 국제우편으로 보내주기로 약속했다. 그리고 매일 전보로 내가 보유한 주식의 시세를 알려주기로 했다. 이렇게 해서 나는 인도의 카슈미르나 네팔 같은 머나먼 지역에서 공연을 하고 있을 때에도 매일 때맞춰 전보를 받았고 이것을 보고 내가 산 주식의 종가를 알수 있었다.

시간과 돈을 절약하기 위해 특별한 부호를 사용해서 서로 대화하기로 뉴욕에서 중개인과 미리 약속했기 때문에 우리의 전보에는 주식을 뜻하는 약자와 뜻 모를 숫자들이 나열되곤 했는데, 보통 이런 식이었다.

B 32.5   L 57   U 89.5   A 120.25   F 132.25

그러나 며칠 지나자 이런 시세만 가지고는 주식의 움직임을 제대로 파악하기에 불충분하다는 생각이 들었다. 박스를 구성하기 위해서는 그날의 최고가와 최저가도 알아야 했다. 그래서 뉴욕의 중개인에게 전화를 걸어 이제부터는 종가뿐 아니라 매일의 주가 변화를 전부 상세히 알려달라고 부탁했다. 그때부터 우리의 전보는 이런 모습을 띠었다

B 32.5 (34.5-32.38)   L 57 (58.63-57)   U 89.5 (91.5-89)
A 120.25 (121.5-120.25)   F 132.25 (134.88-132.25)

물론 거래량도 알고 싶었지만 전보에 숫자를 너무 많이 쓰는 것 같아 그것은 부탁하지 않았다. 그렇지만 난 거래량이 많은 종목을 주로 했기 때문에 거래량이 줄어든 종목은 며칠 지나서 실리더라도 《배런스》지를 보고 알아봐야겠다고 생각했다.

중개인은 내가 투자하는 종목을 알고 있었기 때문에 우리는 그

주식의 첫 글자를 약자로 삼았다. 그러나 그것은 전 세계에 알려진 통상적인 주식 약어가 아니었기 때문에, 세계 어느 나라를 가든 그곳의 우체국 직원들은 우리의 알 수 없는 글자와 숫자를 보고 어리둥절해하고 어려워했다. 그래서 그들에게서 처음 전보를 받을 때면 언제나 그 의미가 무엇인지 자세히 설명해 주어야 했다.

그들은 내가 무슨 정보원인 줄 알았다. 어디를 가나 그런 의심을 받았는데, 특히 극동지방에 가니 더욱 심했다. 아마도 일본이 최악이었을 것이다. 일본의 우체국 직원들은 다른 어떤 곳보다도 의심이 많았으며 일본 공무원들은 전쟁 전의 스파이 중독증을 아직도 완전히 떨쳐 버리지 못한 것 같았다. 교토, 나고야, 오사카 등 새로운 도시를 갈 때마다 우체국 직원들의 의심에 가득한 눈초리를 받아야 했다.

그래서 항상 길게 설명해야 했다. 게다가 일본어도 할 줄 모르기 때문에 문제가 더욱 복잡해진 적도 많았다. 그러나 어이없게도 전보의 의미를 설명하는 종이에 내가 서명하는 순간 그들의 표정은 매우 환해졌다. 내 서명이 진짜가 아닐 수도 있는데 그들은 그런 것은 상관하지 않는 것 같았다. 그러나 그 종이에 서명하지 않으면 그들은 한사코 전보를 발송하지 않으려 했다.

그러나 6개월이 지나자 그들도 경계심을 풀고 나를 대했다. 나는 그들에게 어느새 유명인사가 되어서 일본 대도시의 우체국 직원들은 거의 나를 알게 되었고 서명 없이도 기꺼이 전보를 보내주었다. 일본인들 사이에서 나는 좀 이상하지만 해롭지는 않은 유럽인이며 항상 금융에 관련된 횡설수설한 내용을 주고받는 사람이라고 소문이 났다.

전 세계를 순회하면서 홍콩, 이스탄불, 양곤, 마닐라, 싱가포르, 스톡홀름, 포르모사, 캘커타, 일본 등의 여러 곳을 방문했다. 물론 새로운 곳을 방문할 때마다 전신을 주고받는 문제에 늘 부딪쳤다.

가장 큰 문제는 여행을 하는 동안 내가 빠뜨리지 않고 전신을 받을 수 있도록 주의를 기울여야 했다는 것이었다. 그래서 이동 중에는 똑같은 내용을 두 번 세 번 보내도록 했다. 똑같은 내용의 전신이 홍콩공항의 펜암 2기로 보내졌고, 반복해 도쿄 공항 그리고 도쿄 니카츠 호텔로 보내지는 일은 보통이었다. 나는 비행 도중에 전신을 받지 못하더라도 착륙하면서 즉시 같은 내용의 전신을 받을 수 있었다.

라오스의 비엔티안에서 있었던 일이다. 그곳에서 월 스트리트의 주식을 운용하는 데는 엄청난 어려움이 있었다. 첫째는 전화 시설이 전혀 되어 있지 않았다는 점이다. 그곳에는 지역 전화가 딱 한 대 있었는데, 그것은 미 파견군과 미국 대사관을 연결하는 회선으로 내가 사용할 수 없었다.

내가 어떤 메시지를 보내거나 수집하려면 릭샤(rickshaw : 동남아에서 운행하는 자전거를 개조한 세 발 택시)를 타고 여덟 시 정각에 문을 열었다가 언제나 순식간에 문을 닫아버리는 우체국에 가야 했다. 현지 시각과 뉴욕 시각은 열두 시간의 차이가 나므로, 우체국은 월 스트리트 증시의 개장 시간부터 폐장 시간까지 문이 닫혀 있었다. 나는 증시에서 온 중요한 뉴스들이 여전히 유효한 것인지에 대해 근심하며 끊임없는 긴장 상태에 있었다.

그러던 어느 날 우체국에 가보니 호치민에서 홍콩을 거쳐 비엔티안에 도착한 전보가 나를 기다리고 있었다. 나는 이렇게 늦은 것은 분명 나쁜 소식이 있기 때문일 거라 우려하며 그 전보를 펼쳤다. 그러나 다행히 별다른 급한 일이 아니었다.

하지만 라오스 외의 다른 도시들에서도 나의 어려움은 계속되었다. 히말라야에 있는 네팔의 수도 카트만두에서는 전신 서비스가 전혀 없었다. 인도 대사관에 전신국이 하나 있었는데 외부 세계에서 오는 모든 전보 통신은 그곳을 거쳐야 했다.

대사관 직원들은 일반인에게 오는 사적인 전보에 시달리는 것이 품위를 깎아내리는 것이라고 생각하는 것이 분명했다. 왜냐하면 나에게 전보가 도착해도 배달해 주지도 않았고 나는 내게 온 메시지가 없는지를 대사관에 끊임없이 전화해 확인해야만 했다. 어떤 때는 열 번 이상을 전화해야 와서 전보들을 가져가라는 말을 들었다. 게다가 그 전보는 손으로 쓴 것으로 때로는 읽을 수 없을 정도였다.

내 주식 운용의 기본 매커니즘은 다음과 같다. 월요일에 보스턴에서 출간된《배런스》지는 내가 호주나 인도 또는 그리 멀지 않은 다른 나라에 있을 경우 보통 화요일에 도착한다. 물론 이것은 내가 월스트리트의 움직임보다 4일 늦게 있다는 것을 의미했다. 그러나 내 이론에 따라 행동하는 주식을《배런스》지에서 보면 나는 중개인에게 다음과 같이 연락해 그 주식의 월요일부터 목요일까지의 움직임을 알려달라고 했다.

"크라이슬러 주의 이번 주 상한, 하한 그리고 종가를 전보로 보내 주시오."

예를 들어 내 생각에 그 주식이 60/65 달러의 박스권에서 움직이고 있다면 뉴욕발 4일간의 시세가 여전히 이 박스권 안에서 움직이고 있는 것을 볼 때까지 기다릴 것이다. 만일 내게 전보로 전해진 시세가 여전히 이 박스권에 있다면 나는 이 종목을 지켜보기로 한다. 그리고 그 주식이 더 높은 박스권을 향해 이동하는지를 볼 수 있도록 중개인에게 매일 시세를 알려달라고 한다.

만약 내가 전망한 것과 그 주식의 움직임이 맞아떨어지면 뉴욕으로 중개인에게 온스톱(on-stop) 매수주문을 타전했는데 그 주문은 다른 별도 지시가 없다면 취소하기 전까지는 유효한 것으로 중개인과 약속한 것이었다. 이것은 항상 내가 매수한 후에 주가가 하락하는 경우에는 매도하도록 하는 자동 손절매 주문과 병행되었다. 전형적인 전보의 내용은 다음과 같다.

"크라이슬러 주식 200주를 67달러에 온스톱 매수하고 65달러에 손절매 매도하시오."

반대로 나의 증권중개인이 보내준 전보의 내용으로 보아 이 주식이 내가 《배런스》지에서 본 이래로 60/65 달러의 박스권을 벗어난 경우, 나는 그 주식에 더 이상 관심을 두지 않았다. 내가 어떻게 하기에는 너무 늦은 것이다. 나는 또 다른 기회를 기다려야만 했다.

나는 자연히 주식 운용 종목을 몇 개의 종목으로 축소해야만 했다. 그 이유는 순전히 경제 사정 때문이었다. 주식시세를 아는 데 12~15달러 이상을 매일 소비한다면, 엄청난 수익을 내지 않는 한 그 운용은 비경제적인 것이 될 것이다.

처음에는 매우 두려웠다. 내가 두려워한 것은 예전에 뉴욕에 있었던 것이 나에게 도움을 주었다는 사실 때문이 아니라 전화로 월 스트리트와 교신하는 것이 안전하지 못하다는 느낌을 주어서이다. 이것은 한동안 내가 실수한 것이었다. 나중에 내가 점차로 전신을 통한 거래에 경험을 얻게 되자 그 장점을 알게 되었다. 전화를 하지 않게 되자 혼란도 없어지고 모순된 루머에 빠지지 않을 수 있었는데 이러한 것들은 내가 좀더 냉정한 시각으로 주식시장을 보는 데 도움이 되었다.

나는 한번에 5~8종목의 주식만을 다루었기 때문에 자동적으로 그 주식들을 둘러싸고 있는 수백 가지 주식들의 혼란스럽고 미로와 같은 움직임로부터 벗어나게 되었다. 나는 내 주식의 가격 외에는 다른 아무것에도 영향을 받지 않았다.

나는 사람들이 말하는 것을 들을 수는 없었지만 그들이 어떤 행동을 했다는 것을 알 수 있었다. 이것은 다른 사람들의 돈을 거는 소리를 들을 수 없는 포커 게임과도 같았지만 나는 모든 카드를 볼 수 있었다.

나는 그 당시에는 그러한 사실을 알 수 없었지만 나중에 좀더 경험이 쌓이자 이러한 것들이 얼마나 소중한지를 깨닫게 되었다. 물론 포커 게임을 하는 사람들은 말로써 내가 갈피를 못 잡게 하고 나에게 자신들의 카드를 보여주지는 않을 것이다. 하지만 내가 그들의 말을 듣지 않고 끊임없이 그들의 카드를 주시한다면 그들이 무엇을 하고 있는 지를 짐작할 수 있을 것이다.

처음에는 돈을 투자하지 않는 모의투자를 했다. 하지만 곧 모의투자가 실제 투자와는 많은 차이가 있음을 알게 되었다. 그것은 판돈을 하나도 걸지 않은 카드 게임과 같았으며 노인네들이 브리지 게임을 하는 것만큼 재미가 없고 흥분되지도 않았다.

돈없이 하는 모의투자는 매우 쉬운 듯 보였다. 하지만 내가 주식에 1만 달러를 투자하자마자 상황은 매우 달라졌다. 돈이 들어가 있지 않을 때에는 쉽게 감정을 조절할 수가 있었지만 돈을 투자하자마자 내 감정은 곧바로 표면 위로 떠오르기 시작했다.

매일같이 전보를 받는 동안 나는 점차 이러한 새로운 형태의 주식 운용에 익숙해졌고 점점 더 확신을 가지게 되었다. 단 하나 나를 괴롭히는 것이 있었다면 때때로 몇몇 주식들이 이전 움직임과는 아무런 관계도 없이 설명할 수조차 없는 움직임을 보인 것이었다.

그러한 움직임은 나를 당혹스럽게 했지만 그에 대한 설명을 찾는 동안 중대한 발견을 하게 되었다. 나는 내가 혼자임을 깨달았던 것이다. 나는 더 이상 책에서 배울 것이 없다고 확신했다. 아무도 나를 이끌어 줄 수 없었다. 나는 매일 내게 오는 전보와 일주일에 한 번 오는 《배런스》지 외에는 철저하게 혼자였다. 그것들이 나를 수천 마일 떨어진 월스트리트와 접할 수 있게 해주는 유일한 것이었다. 만일 내가 어떤 종목에 대한 해설을 보고 싶다면 이 잡지들을 뒤적이는 수밖에 없었다.

그래서 나는 《배런스》지에 줄곧 매달려야만 했다. 나는 전체 시장에서 일어나는 어떤 극단의 움직임과 부합하는 내 주식의 설명할 수 없는 움직임에 대한 답을 찾아낼 때까지 너덜너덜해지도록 《배런스》지의 책장을 넘겼다.

마침내 나는 내가 가지고 있는 주식들의 갑작스러운 움직임이 전체 시장의 어떤 급격한 움직임과 일치한다는 사실을 발견했다. 나는 내가 가진 주식들의 시세만을 받아 보았기 때문에 전체 시장이 내가 가진 주식에 미칠 수 있는 영향을 완전히 무시했던 것이었다. 이것은 전쟁터의 한 부분만을 보고 전투를 지휘하려 하는 것보다 나을 게 없었다.

이러한 사실은 내게 매우 중요한 발견이었으며 나는 곧바로 행동에 반영했다. 나는 중개인에게 전보의 끝에 다우존스 평균지수의 종가를 추가해 달라고 부탁했다. 이렇게 하면 전체 시장이 움직이는 흐름을 명확히 이해할 수 있으리라 생각했다.

이때부터 내 전보의 내용은 다음과 같이 변했다.

B 32.5 (34.5-32.375)　　　L 57 (58.625-57)　　　U 89.5 (91.5-89)

A 120.25 (121.5-120.25)　　　F 132.25 (134.875-132.25)

482.31

이런 전보를 처음 받게 되자 나는 새 장난감을 갖게 된 어린아이와 같이 되었다. 나는 내가 완전히 새로운 공식을 발견했다고 생각했다. 나는 다우존스 평균지수와 내가 가지고 있는 주식의 움직임을 관련지어서 파악하려고 했기 때문에 평균지수가 올라가면 내가 가지고 있는 주식도 올라갈 것이라 생각했다.

하지만 얼마 지나지 않아 이러한 생각이 잘못되었다는 것을 알게 되었다. 시장을 어떤 엄격한 패턴에 맞추려고 했던 것이 실수였다. 그러한 일은 정말 불가능한 것 같았다. 각각의 주식들은 서로 다르게 행동한다. 기계적 패턴과 같은 것들은 없었다.

평균지수가 무엇을 의미하는지에 관해 알기 전까지 이러한 실수는 계속되었으며 한참이 지나서야 다우존스 평균지수는 다우존스라는 회사에서 발표하는 것으로서 선택된 주식 30종목의 하루 움직임을 보여주는 것일 뿐이라는 것을 알게 되었다.

다른 주식들은 그 지수에 의해 영향을 받기는 하지만 그 패턴을 기계적으로 따르지는 않는다. 또 나는 다우존스 회사가 운세를 봐주는 회사가 아니며 개별주식의 등락 시기를 말해주지도 않는다는 사실을 깨닫기 시작했다.

나는 점차 평균지수와 개별주식들 간의 관계에 기계적인 표준을 적용할 수 없다는 것을 이해하기 시작했다. 이러한 관계를 판단하는 것은 예술을 하는 것 못지않게 어려운 일이었다. 어떤 면에서 보면 이러한 일은 그림을 그리는 것과 같다. 미술가는 어떤 원칙에 따라 캔버스에 색깔을 칠하지만 그 방법을 설명하는 것은 불가능할 것이다. 이와 같이 나는 평균지수와 내 개별주식 간의 관계가 어떤 원칙들 내에 국한되어 있지만 정확히 측정할 수는 없다는 것을 알게 되었다.

그때부터 나는 다우존스 평균지수를 지켜보긴 하지만 단지 주식시장이 약세시장인지 강세시장인지를 판단하는 데에만 이용하기로 마음먹었다. 내가 그렇게 했던 것은 전체 시장 사이클이 거의 모든 주식에 영향을 미친다는 것을 알았기 때문이다. 약세시장이나 강세시장과 같은 주된 사이클은 일반적으로 거의 모든 주식으로 그 영향이 파급되어 간다.

내 이론의 마지막 손실을 다 했기 때문에 나는 더욱 강해진 기분이 들었다. 나는 방을 밝혀줄 전등의 스위치를 만지기 시작한 것처럼 느껴졌다.

나는 내 앞에 있는 전보에서 주식에 대한 견해를 생각해 낼 수 있다는 것을 알게 되었다. 이러한 것들은 내게 X-레이와 같은 것이 되었다. 전문가가 아닌 사람에게 X-레이는 의미 없는 사진일 뿐이지만 의사에게는 알고자 하는 모든 정보를 전해 주는 것이다. 의사는 이러한 연구 결과물을 질병의 본질과 기간, 환자의 연령 등에 연관지어서 결론을 도출한다.

나는 전보를 볼 때 이와 비슷하게 행동했다. 먼저 내 주식의 가격들을 각각 비교해 보고 다우존스 평균지수와 비교한 다음 변동폭을 파악한 후에 매도를 해야 할지, 매수를 해야 할지 아니면 보유해야 할지를 판단했다.

이러한 일은 더 깊은 분석 없이 자동적으로 이루어졌다. 나는 이제 더 이상 알파벳을 한 자 한 자 읽어가는 것이 아니라 문장 전체를 제대로 읽고 있었다. 다시 말해 어린아이처럼 어렵게 글자들을 맞추어 가는 것이 아니라 페이지를 한번 보고 그 내용을 이해하고 거기에서 빠르게 결론을 도출해 내게 된 것이다.

나는 이와 함께 내 감정을 다스리려고 애를 썼다. 이러한 노력은 다음과 같은 방법으로 이루어졌다. 주식을 매수하거나 매도할 때마다 그 이유를 기록했다. 또 거래가 손실로 끝날 때마다 그러한 결과를 초래했다고 생각되는 이유를 기록했다. 그러고는 더 이상 같은 실수를 하지 않으려고 애썼다. [표5-1]은 내가 작성한 표다.

이러한 실수의 원인에 대한 표는 내게 엄청난 도움이 되었다. 한 종목 한 종목 이러한 표를 만들어나가는 동안 나는 각각의 거래에서 무엇인가를 배워나가고 있었다. 나는 주식들이 사람과 같이 각기 어떤 성향을 가지고 있다는 사실을 깨닫기 시작했다. 이러한 사실은 비교적 논리적인데, 그 이유는 주식이 그것을 사고파는 사람들의 성향을 충실히 반영하기 때문이다.

[표 5-1]	매수	매도	실수한 원인
아일랜드 크리크 콜 (Island Creek Coal)	46	43.5	매수 시기가 늦음
조이 매뉴팩처링 (Joy Manufacturing)	62	60.625	손절매 포인트를 너무 가깝게 잡음
이스턴 가스 앤 퓨얼 (Eastern Gas&Fuel)	27.75	25.125	전체 시장이 약세인 점을 간과함
앨코어 (Alcoa)	118	116.5	하향세에 매수한 점
쿠퍼 베세머 (Cooper-Bessemer)	55.375	54	타이밍이 틀림

주식도 사람처럼 각기 다르게 행동한다. 조용하고 느리며 보수적인 주식이 있는가 하면 어떤 주식들은 변화가 심하고 신경질적이며 긴장이 팽배해 있다. 이러한 주식들 중 몇몇 종목은 예측하기가 쉽다. 이러한 주식들은 움직임이 꾸준하고 논리적이다. 의지할 수 있는 친구와 같다.

그리고 어떤 주식들은 내가 다룰 수 없었다. 그러한 주식들은 매수할 때마다 나에게 상처를 입혔다. 그러한 주식들의 행동은 거의 사람이라고 할 수 있는 무엇인가가 있었는데, 그것들은 나를 원하지 않는 것 같았다.

그러한 주식들은 마치 친해지려고 애쓰는데도 자기를 욕한다고 생각해 외면하는 사람을 떠올리게 했다. 나는 나를 두 번 외면한 주식에는 더 이상 손대지 않겠다고 생각하기 시작했다. 그러한 종목은 외면하고 더 잘 다룰 수 있는 다른 종목을 매수했다. 물론 이것은 나와 다른 기질을 가진 다른 사람들과 잘 어울릴 수 없다는 것을 의미하는 것은 아니다.

실수의 원인에 대한 표를 작성하면서 내가 얻은 경험은 내 모든 자질 중 가장 중요한 것의 하나가 되었다. 이제 나는 그러한 사실을 책에서 배울 수 있는 것이 아님을 알게 되었다. 나는 이것이 차를 운전하는 것과 비슷하다고 생각하기 시작했다. 운전자는 액셀, 핸들 그리고 브레이크를 사용하는 법을 배울 수는 있지만 여전히 운전에 대한 자신만의 감각을 발달시켜야 한다. 아무도 앞차와의 거리를 얼마로 유지해야 하는지, 언제 감속을 해야 하는지에 대한 판단 방법을 가르쳐주지 않는다. 이러한 것들은 오직 경험만을 통해서 배울 수 있다.

세계 각지를 돌아다니면서 전보를 통해 월 스트리트에서 주식을 운용하는 동안, 나는 내가 주식투자의 진단가는 될 수 있어도 예언가가 될 수는 없다는 사실을 알게 되었다. 내가 어떤 주식을 점검해 그 주식이 강하다는 것을 발견하면 내가 말할 수 있는 것은 그 주식이 오늘 바로 지금 이 시간에 건강하다는 것뿐이다. 그 주식이 내일 장에서 고전하지 않을 것이라고 보증할 수는 없다. 나의 경험으로는 아무리 조심스러운 추측도 그릇된 것임이 드러날 때가 한두 번이 아니었다. 하지만 더 이상 이러한 사실로 실망하지 않았다. 나는 결국 어떤 주식이 이렇게 될지 저렇게 될지에 관해 말하는 것은 나 자신이라고 생각했다.

심지어는 실수를 해도 속이 상하지 않았다. 예측이 맞다면 더할 나위 없이 좋지만 예측이 빗나갔다 해도 매도해 버리면 그만이었다. 이러한 일들은 나와는 멀리 떨어진 무엇처럼 자동으로 일어났다. 나는 더 이상 주가가 상승했다고 해서 자랑스러워하지 않았고 하락해도 아픔을 느끼지 않았다. 이제 주식과의 관계에서 '가치'라는 단어는 사용될 수 없음을 알았다. 주식의 가치는 그 시세다. 이것은 전적으로 수요와 공급에 달려있다.

마침내 나는 '50달러짜리 주식'과 같이 가치가 정해진 주식은 없다는 것을 알게 되었다. 50달러짜리 주식의 주가가 49달러가 되면 이제 그 주식은 49달러짜리 주식인 것이다. 월 스트리트와 수천 마일 떨어진 곳에 있었던 덕분에 나는 보유하고 있는 모든 주식으로부터 감정적으로 자유로울 수 있었다.

또 세금 문제에 영향받지 않기로 마음먹었다. 많은 사람이 세금을 내지 않으려고 6개월 이상 주식을 보유하지만 단지 세금 문제로 떨어지는 주식을 장기간 보유한다면 큰 손실을 보게 될 게 뻔했다. 나는 주가의 움직임이 지시하는 것을 따르고 나서 차후에 세금에 관해 생각하기로 했다.

주식들이 나의 새로운 태도를 확인시켜 주는 듯 얼마 동안의 투자는 성공적이었다. 나의 판단이 올바르다고 생각했을 때는 과감히 그 주식을 매수했고 내 생각이 틀린 것으로 드러나면 미련 없이 매도해 버렸다.

내가 가장 성공한 투자 중의 하나는 쿠퍼 베세머의 주식이었다. 이 주식을 세 번에 걸쳐 200주씩 매수했다. 처음 두 번은 손실을 보았지만 세 번째 매수했을 때는 엄청난 수익을 보았다. 이 주식의 매수에 관한 상세 내역은 [표 5-2]와 같다.

드레서 인더스트리나 레이놀즈 메탈스와 같은 다른 몇몇 종목은 내 예측대로 움직여주어서 만족할 만한 수익을 안겨주었다. 하지만

[표 5-2]

▶ 1956년 11월
$46에 매수(총 $9,276) │ $45.125에 매도(총 $8,941.09)
→ 손실 : $334.91

▶ 1956년 12월
$55.375에 매수(총 $11,156.08) │ $54에 매도(총 $10,710.38)
→ 손실 : $445.70

▶ 1957년 1월~4월
$57에 매수(총 $11,481.40) │ $70.75에 매도(총 $14,056.95)
→ 수익 : $2,575.55

그 후 1957년 여름 싱가포르에 있을 때에 자신을 잃게 만드는 일들이 연거푸 내게 일어났다.

나는 볼티모어 앤 오하이오(Baltmorre & Ohio) 철도 주식을 56.25달러에 매수했는데, 이 주식이 56/61 달러의 박스권에 있으며 주가가 상승할 것이라 생각했다. 하지만 주가는 하락하기 시작했고 55달러가 되었을 때 나는 매도했다.

그 다음은 도베크먼(Dobeckmun)이라는 종목이었는데 44/49 달러의 박스권에 있다고 생각하고 45달러에 매수했지만 역시 하락해 결국 41달러에 매도했다.

또 데이스트롬(Daystrom)이라는 종목은 45/50 달러의 박스권으로 상승할 것이라 생각해 44달러에 매수했으나 역시 하락해 42.25달러에 매도했다.

그리고 포스터 휠러(Foster wheeler)주식은 60/80 달러의 박스권에 있다고 생각해 61.75달러에 매수했는데 내 예상과는 달리 천천히 하락하는 것을 보고 예상한 틀인 60달러의 선의 아래인 59.5달러에 매도했다.

마지막으로 에어로큅(Aeroquip)은 23.25달러에서 27.625달러까지 매수했는데 이 주식이 30달러를 향해 상승하고 있는 것을 지켜보았으며 31/35 달러의 박스권이 전개되기를 기다렸다. 하지만 내 예상은 빗나갔고 나는 27.5달러에 매도하고 손을 뗐다.

결국 1957년 8월 26일이 되자 나는 주식을 한 주도 보유하고 있지 않게 되었다. 내 자동 손절매 주문으로 인해 보유하고 있던 모든 주식이 매도된 것이었다. 두 달 동안 내가 보유한 모든 종목이 지지부진하다가 하나씩 박스의 바닥으로 하락했고 하나씩 매도되었다.

나는 이러한 사실을 인정하기 싫었지만 어쩔 수 없었다. 내 이론에 의하면 이러한 경우에는 가만히 앉아서 내가 손을 뗀 주식들이나 지켜보고 있던 다른 주식들이 더 높은 새 박스권으로 진입해 갈 때까지 인내심을 가지고 기다리는 수밖에 없었던 것이다.

주가가 하락을 계속하는 동안 위와 같은 상황이 오기를 고대하며 일절 투자를 하지 않고 지켜보기만 했다. 하지만 어떠한 기회도 나타나지 않았다. 나는 당시 주식시장이 대단한 강세시장의 한 단계의 끝에 있었다는 사실을 모르고 있었던 것이다. 이것이 현실로 나타나기까지 여러 달이 걸렸으며 그동안은 약세시장이었다. 월 스트리트 분석가들의 절반이 이에 관해 논의했다. 그들은 이것이 단지 중간단계의 반작용이라고 말하며 상승시장의 일시적인 숨고르기라고 했다. 그러나 그들 모두 주가가 붕괴되었다고 입을 맞추었다.

물론 이러한 모든 의견은 뒤늦게 피력되었다. 정작 필요할 때에는 투자를 중지하고 현금을 보유하라는 충고를 할 수가 없었다.

나는 히틀러가 스탈린그라드에 침공하기로 결정했을 때를 떠올렸다. 그에게 스탈린그라드는 침략해서 점령해야 하는 또 하나의 러시아 도시일 뿐이었지만 어느 누구도 그 전투가 제2차 세계대전의 전환점이었다는 사실을 알지 못했으며 아주 오랫동안 그러한 사실을 인지한 사람은 몇 안 되었다.

심지어 독일군이 반쯤 후퇴했을 때에도 이것은 전략적인 후퇴에 지나지 않는다고 말하곤 했다. 하지만 실상 그것은 히틀러의 파국이었다. 나치 전쟁의 강세시장은 히틀러가 스탈린그라드를 공격하는 날에 끝났던 것이다.

이와 마찬가지로 증권시장에서 커다란 역사적 전환점이 오는 당시에 그것을 알아차리는 것이 나로서는 불가능한 일이라는 사실을 알게 되었다. 주가가 하락을 계속하는 동안 나를 기쁘게 했던 것은 손절매 기능으로 신속하게 위험을 회피하는 내 시스템 덕분에 그러한 판단을 할 필요가 없게 되었다는 점이었다.

내 투자방법은 내가 상상한 것보다 더 잘 들어맞는다는 유쾌한 발견을 했다. 이 방법은 어려운 시기가 오기 전에 자동으로 포기하게 만들었으며 시장이 나빠졌지만 나는 이미 모든 주식을 매도해버린 후였다.

내게 가장 중요한 점은 시장이 어떤 식으로 변해갈지 아무런 힌트도 없었다는 것이다. 어떻게 정보를 얻을 수 있었겠는가? 나는 줄곧 너무 먼 곳에 떨어져 있었다. 나는 아무런 예측이나 펀더멘털 그리고 루머도 듣지 못했다. 나는 그저 내 주식의 움직임을 기초로 행동했을 뿐이었다.

[표 5-3]

	1957	1957	1958
	매도가	저가	고가
볼티모어 앤 오하이오(Baltimorre&Ohio)	55	22.625	45.25
데이스트롬(Daystrom)	42.25	30	39.75
포스터 휠러(Foster Wheeler)	59.5	25.125	39.125
에어로큅(Aeroquip)	27.5	16.875	25.75
앨리드 컨트롤(Allied Control)	48.25	33.5	46.5
드레서 인더스트리스(Dreser Industries)	54.5	33	46.625
조이 매뉴팩처링(Joy Manufacturing)	68	38	54.5
앨러게니 러드럼(Allegheny Ludlum)	56.5	30.125	49.375

나중에 자동으로 매도된 주식들을 조사해 보니, 그 주식들이 약세시장에서 실제로 매우 천천히 하락했음을 알 수 있었다. [표5-3]을 보자.

나는 [표5-3]을 보며 다음과 같이 생각했다.

'내 손절매 주문이 작동하지 않아서 보유 주식 전부 매각하지 않았더라면 투자금액 50%를 손해 보았을 것이다. 나는 주식을 보유한 채로 돈을 벌 기회를 놓친 우리에 갇힌 사람 같았을 것이다. 내가 탈출할 수 있는 단 한 가지 방법은 50%의 손실을 감수하고 이를 깨뜨리는 것인데 이것은 아마도 나 자신을 망치는 일이 될 것이며 미래의 거래에 대한 자신감을 크게 손상시키는 일이 될 것이다.'

물론 나는 이러한 주식들을 매수했고 또한 전부 팔아치웠다. 이것은 스스로 보수적인 투자자라고 부르는 사람들 사이에서는 고전적인 방법으로 통한다. 하지만 지금까지 나는 그러한 사람들을 도박꾼으로 여겼다. 주가가 계속 하락하고 있는데도 계속 보유하는 사람들은 도박꾼이 아니라고 말할 수는 없는 것이다. 도박꾼이 아니라면 주가가 하락할 때 그 주식을 처분할 것이다. 그들은 좋은 카드가 나오기를 끊임없이 기대하는 도박꾼의 마음을 가지고 있는 것이다.

나는 1929년에 뉴욕 센트럴 주식을 250달러에 매수했던 사람들에 관해 생각해 보았다. 만일 그들이 주가가 27달러가 된 오늘까지 그 주식을 보유하고 있었더라면 어떻게 되었을까? 그러나 그들은 자신들을 도박꾼이라고 부르면 화를 낼 것이다.

1957년 9월 첫째 주에 손익명세서를 받아서 내 계좌를 점령했을 때 나는 존스 앤 러플린에서 입었던 손실을 복구하고 내 원래 투자자금 3만 7,000달러가 거의 고스란히 남아 있음을 알게 되었다. 내 주식 운용 중 많은 것이 다소 성공적이었지만 수수료와 세금으로 상당한 금액이 들었다.

내 계좌를 좀더 면밀히 검토했을 때 나는 많은 경험, 엄청난 지식, 더 많은 자신감을 가지고 역사상 가장 커다란 강세시장이 다가올 것이라는 확신을 가지게 되었다. 순손실은 889달러였다.

HOW I MADE $2,500,000 IN THE STOCK MARKET

Part **4**

기술적
펀더멘털리스트가 되다

주식투자를 전혀 하지 않은 채 몇 주일을 보낸, 나는 상황을 좀더 분석적으로 고찰하기로 마음먹고 강세시장과 약세시장을 비교해서 두 시장의 차이점을 명확히 이해하려 했다.

내가 보았던 강세시장은 팔팔한 육상선수들로 가득한 구름 한 점 없는 여름 캠프와도 같았다. 그러나 나는 다른 주식들보다도 강력한 주식들이 있다는 것을 기억해야만 했다. 반면에 약세시장은 어떠한 가? 여름 캠프는 병원으로 변했다. 대부분의 주식이 맥을 못 추었으며 몇몇 주식은 상황이 더 나빴다.

시세가 폭락하자 거의 모든 주식의 상태가 나빠지고 엉망이 되었다. 이 시점에서의 문제는 그 주식들이 얼마나 깊은 병을 안고 있는 가와 그 병이 언제까지 지속될 것인가를 추산하는 것이었다.

나는 어떤 주식이 100달러에서 40달러로 하락했다면 상당 기간 원상태로 반등할 수 없으리라 판단했다. 그것은 다리에 극심한 부상을 입은 육상선수가 다시 예전처럼 달릴 수 있을때까지 오랜 시간의 회복기간이 필요한 것과 같았다. 아무리 생각해도 주식으로 돈을 벌 수 있다고는 생각되지 않았다. 나의 그러한 생각은 존스 앤 러플린 주식을 보면서 굳어졌다. 그 주식이 오르기를 내가 얼마나 바랬는지 모른다. 이것은 매우 인간적인 감정이었지만 경마장의 관중들처럼 시장에는 아무런 영향을 줄 수 없었다. 경마장에서는 관중들이 어떤 말을 응원하든 상관없이 이기는 말이 이기게 되어 있다.

지금도 마찬가지다. 나는 어떤 주식을 샀는데 그것이 잘못되었다는 것이 드러나면, 아무리 응원해도 반 포인트조차 올릴 수 없다는 것을 알게 되었다. 그리고 그런 하락은 언제까지 지속될지 알 수 없었다. 나는 시장 흐름을 좋아하지 않았지만 흐름에 맞서 싸우는 것은 아무런 소용이 없다는 것을 알고 있었다.

이러한 상황은 버나드 쇼가 자신의 연극 오프닝 나이트에 한 말을 떠올리게 해주었다. 연극의 막이 내리고 모든 사람이 환호하며 박수 갈채를 보낼 때 한 사람만이 야유를 보냈다. 버나드 쇼는 그에게로 가서 이렇게 말했다.

"내 연극이 맘에 들지 않습니까?"

그 사람은 대답했다.

"그렇소."

그러자 쇼는 이렇게 말했다.

"나도 그래요. 하지만 우리 둘이서 어떻게 저 많은 군중에게 대항

나는 주식투자로 250만불을 벌었다

할 수 있겠소."

그래서 나는 모든 것을 내가 원하는 대로가 아닌 그 자체로 받아들였다. 그래서 한 발 물러서서 더 좋은 시절이 오기를 기다렸다.

내가 주식거래를 단호히 끊어버리자 중개인이 그 이유를 물었다. 나는 그 질문에 농담을 하듯 다음과 같이 설명했다.

"지금의 주식시장은 새를 파는 어수선한 시장에 불과합니다. 내가 그런 어수선한 시장 안에 들어가 있어야 할 이유가 없거든요."

그 후 나는 경주를 위해 준비운동을 하는 육상선수처럼 시간을 보냈다. 내가 주식을 보유하지 않은 수주일 동안 시장은 계속 하향추세를 거듭했으며, 나는 《배런스》지의 시세를 보고만 있었다. 나는 하락에 저항하는 주식들을 찾으려고 노력했다. 그러한 주식들이 대세를 거스를 수 없더라도 시장추세가 변하면 가장 빠르게 선두에 나설 것으로 판단했기 때문이다.

얼마 후 최초의 주가폭락이 시들해질 무렵 기회가 찾아왔다. 몇몇 주식들이 하락추세에 저항하기 시작했던 것이다. 그 주식들은 여전히 하락하고 있었지만 대부분의 주식이 쉽게 떨어지는 반면에 어쩔 수 없이 조금씩 하락했던 것이다. 심지어는 그 어쩔 수 없는 기미를 느낄 수 있을 정도였다.

좀더 면밀히 검토해 보니 이러한 주식의 대부분은 수익이 급격히 증가하는 추세를 나타내고 있는 회사들의 주식이었다. 결론은 확실했다. 시장 분위기가 나쁘더라도 자본은 이러한 주식들로 흘러 들어갔다. 자본은 개가 냄새를 따라가듯 수익 증가를 따르고 있었다. 이러한 발견은 완전히 새로운 시각을 가질 수 있게 내 눈을 열어주었다.

나는 '주식은 수익력의 시녀'라는 말이 맞다는 것을 알게 되었다. 결과적으로 어떤 주식의 움직임 이면에는 여러 가지 이유가 있겠지만, 나는 수익력이 개선되고 있거나 그렇게 예상되는 종목만을 찾기로 마음먹었다. 그렇게 하기 위해서 나의 기술적 접근 방법에 원칙주의적인 접근 방법을 접목시켰다. 나는 시장에서 주식의 기술적인 움직임을 보고 주식을 선택하지만 수익력이 근본적인 원인이 있는 종목에 한해서 매수했다.

이것이 내가 지금까지도 사용하고 있는 '기술적 펀더멘털리스트(techno-fundamentalist)이론'이다.

이 이론의 실제 적용에서 나는 20년간 분석 기간을 두기로 했다. 이것은 내가 어떤 주식을 20년간 보유하고자 한다는 뜻은 아니다. 20년간 보유하는 것은 오히려 내 의도와 정반대되는 것이다. 하지만 나는 미래와 연결되어 있으며, 혁신적인 신상품이 회사의 수입을 급격히 개선시킬 수 있을 것 같은 회사의 주식들을 지켜본다는 것이다.

전자, 미사일, 로켓 연료와 같은 산업은 한눈에도 확실하다. 이러한 산업들은 급속히 성장하는 걸음마 단계의 산업이었으며, 예측하지 못한 문제가 발생하지 않는 한 그 성장은 곧 시장에 반영될 것이다. 주식시장 역사에 대해 고찰한 결과 나는 미래의 주식을 지배하는 근본 원칙들은 항상 월 스트리트에서 효력이 있다는 것을 알게 되었다. 자동차가 나오기 이전의 시대에는 영리한 주식투자자들이 철도주식에 투자했는데 그것은 철도가 짐마차나 역마차를 대체하리라는 사실을 알고 있었기 때문이다.

그 후 발빠른 투자자들은 철도주식에서 자동차주식으로 옮겨갔다. 제너럴 모터스나 크라이슬러와 같은 미래를 내다보며 확장하고 있는 회사들은 그 당시 비교적 작은 회사였다. 하지만 그들은 미래를 내다봤다. 그때 이러한 주식을 매수해 보유하고 있던 사람들은 큰 돈을 벌었다. 이제 그러한 주식은 이미 안정되어 더 이상 미래를 내다보는 투자자들을 위한 주식이 아니다.

그것은 현재도 마찬가지라고 생각한다. 미래에는 주가가 오른다는 일반 이론에 입각하면 장래의 다이내믹한 성장을 약속하는 주식들은 다른 주식들보다 더 훌륭하게 움직인다. 제트엔진 시대에 맞추어나가는 건전한 주식은 20년 내에 현재 가치의 20배가 될 수도 있을 것이다.

나는 이러한 종류의 주식에는 여성의류처럼 명확한 유행이 있으므로 성공하려면 유행에 맞는 주식을 찾는 것이 중요하다는 것을 알게 되었다. 여성의류가 시대와 사회 상황에 따라 유행을 타듯이 주식 역시 유행을 탄다. 여성들은 2, 3년마다 스커트 단을 1, 2인치씩 올렸다 내렸다 하곤 한다.

주식도 마찬가지다. 유행이 지속되면 미래를 내다보는 투자자들은 그 안에 들어와 머문다. 그리고 슬슬 유행이 물러가면 그들도 밖으로 나온다. 그들은 자신의 자금을 새로운 스타일의 주식에 투자한다. 나는 이러한 유행의 변화를 열심히 지켜보아야 하며, 새로운 유행의 주식들이 등장해도 기존 주식들을 보유할 수 있다는 사실을 깨달았다. 또 매우 급한 경우가 아니라면 파격적으로 새로운 무엇인가를 놓칠 수 있었다.

이것은 보는 것처럼 그리 환상적이지 않을 수도 있다. 날 수 있는 자동차 같은 상상의 제품을 개발한다고 해보자. 모든 사람은 그 회사의 주식을 사려고 몰려들 것이다. 그러나 만약 오리건(oregon) 주의 한 공장에서 훨씬 안정성이 뛰어난 하늘을 나는 자동차를 개발 중에 있다고 해보자.

일단 시장이 준비되어 있고 어떤 회사가 이 제품을 다루게 된다면 기존의 나는 자동차는 대체될 것이고 그 주식은 하락하기 시작할 것이며 유행이 지난 종목이 될 것이다.

이것은 지나치게 단순화시킨 한 예이며 문제를 해결하지는 못한다. 어떻게 올해의 유행 종목을 매수할 수 있겠는가? 만일 그 유행이 지나갈 조짐이 보인다면 반드시 그 자리를 대체할, 곧 다가올 새로운 유행 종목이 있을 것이다. 내가 해야 할 일은 미래에 대한 사람들의 기대감을 불러일으켜서 주가가 상승할 주식들을 찾는 것이다.

이러한 생각을 바탕으로 나는 제트 시대에 보조를 맞추어 성장하는 주식들의 시세를 조심스레 지켜보았다. 나는 그 회사의 생산제품이 로켓을 만드는 금속인지 아니면 고체 연료인지 혹은 개량된 전자 장비인지에는 관심을 두지 않았다. 사실 나는 그들의 생산제품을 알고 싶지도 않았으며 더구나 그러한 정보는 내게 방해만 될 뿐이었다.

나는 의회 의장에게 예쁜 아내가 있다는 사실이 내 표결에 영향을 미치지 않듯, 그러한 생산제품이 무엇인지에 신경 쓰지 않았다. 하지만 나는 그 회사가 신생 사업에 속해 있는지 그리고 그 주식이 시장에서 내 이론에 따라 움직이는지를 알고 싶었다.

물론 이것은 수세대 동안 투자자들을 사로잡아왔던 보수적 기질을 가진 많은 재무 관련 기자들의 충고에 직접적으로 반하는 것이다. 그 기자들은 현명한 투자 결정을 하는 데 회사의 보고서와 대차

나는 주식투자로 250만불을 벌었다

대조표를 연구하고 어떤 주식의 이면에서 찾을 수 있는 모든 것을 찾아내려고 한다.

나는 그러한 방법이 나에게는 맞지 않다고 판단했다. 모든 회사의 보고서와 대차대조표는 과거와 현재를 말해줄 뿐이지 미래를 말할 수는 없다. 그래서 나는 나만의 계획을 세웠는데, 그것은 주식으로 수익을 내려 하는 나만의 방법일 뿐 배당 소득만 바란다면 다른 식으로 생각해 봐야 할 것이다.

세계 여행을 하는 동안 나는 끊임없이 그 미래에 대한 비전으로 인해 급등할 주식들을 찾고 있었다. 나는 새로운 고점을 이룩할 수 있다고 생각되는 종목들을 찾아서 그 종목에 최대한의 관심을 기울이기로 작정했다. 이제 이러한 주식들은 값이 많이 올라서 초보자들이 다루기에는 힘들어 보일 것이다. 그러나 그러한 주식들은 더욱더 값이 오를 것이다. 나는 비싼주식을 사서 더 비싸게 팔기로 작정했다.

나는 값이 비싸지만 그 가치를 생각하면 비싼 것도 아니면서 성장 속도가 빠른 주식들을 찾으려고 노력했다. 왜냐하면 그러한 주식이 시장이 좋아지면 가장 먼저 상승할 종목이라 생각되었기 때문이다.

나는 이러한 종류에 속한다고 생각되는 주식 12종목을 조심스레 지켜보며 매주 시세를 점검하고 그 움직임을 분석했다. 그리고 그 주가동향을 면밀히 살펴보면서 어떤 이상한 행동을 하지 않나 꾸준히 살폈다. 그리고 거래량을 점검하는 것도 잊지 않았다.

또한 나 자신을 고가의 주식을 운용할 수 있는 상태로 준비시켰다. 이것은 중개 수수료 때문인데 수수료율을 살펴보니 똑같이 1만 달러를 투자할 때 10달러짜리 주식에 투자하는 것보다 100달러짜리 주식에 투자하는 것이 수수료가 더 낮았다. 그 이유는 다음과 같다.

어떤 주식에 1만 달러를 투자하고 싶다고 가정하자. 그렇다면 몇 가지 방법이 있을 수 있는데, 예를 들어 다음과 같다.

10달러 주식 1,000주

20달러 주식 500주

100달러 주식 100주

뉴욕 증권거래소의 수수료는 [표6-1]과 같다.

[표 6-1]	
매도가	100주당 수수료
1달러	6달러
5달러	10달러
10달러	15달러
20달러	25달러
30달러	30달러
40달러	35달러
50달러	40달러
100달러	45달러

1만 달러를 거래하기 위해서 드는 수수료는 다음과 같다(매수 및 매도 수수료 포함).

10달러 주식의 경우 : 300달러

20달러 주식의 경우 : 250달러

100달러 주식의 경우 : 90달러

내 매수 포인트가 정확했을 때는 중개인 수수료가 그다지 큰 문제가 아니었지만 타이밍이 틀려서 팔아치웠을 때는 매수 수수료는 물론 매도 수수료까지 내 손실을 가중시켰다. 위에서 보다시피 고가의 주식을 매수했을 때가 비용이 덜 든다.

시장이 계속해서 가라앉는 것을 보면서 나는 그러한 약세시장이 영원히 계속되지는 않을 것이라고 예측했다. 조만간 상승장이 올 것이라고, 항상 그래왔듯 약세시장이 지나가면 강세시장이 온다는 것을 확신했다. 전문가라면 그 첫 신호를 발견하고는 상승장이 올 것을 확신해 다른 사람이 알기 전에 주식을 사들일 것이고, 그 후에 주가는 높이 치솟는다고 생각했다.

워털루 전투가 떠올랐다. 이 유명한 전투에서 로스차일드(Rothschild)는 전투의 승리가 확실해졌을 때 그 사실을 남들이 알기 전에 영국 공채를 사들이기 시작했다. 물론 전투는 승리로 끝났고 공채 가격은 치솟아 로스차일드는 큰 이익을 보았다. 오늘날의 월스트리트에서도 이러한 원칙은 똑같이 적용된다. 통신 수단이 훨씬 발달되었지만 이러한 원칙을 아는 사람은 남들보다 더 빨리 행동해 이익을 볼 수 있는 것이다.

바로 그것을 위해 나는 5년간이나 훈련했다. 나는 그동안 많은 것을 배웠다. 캐나다 시절에는 도박하지 말 것을 배웠으며 원칙주의자 시절에는 업계 분석과 수익성 추세에 관해 배웠으며 기술적 분석가 시절에는 주식의 기술적인 분석을 배웠다. 그리고 이제는 그 모든 것을 통합해야 하는 것이다. 이것은 모든 조각이 마침내는 하나의 아름다운 그림으로 맞춰지는 조각 맞추기와 같은 것이다. 나는 이러한 방법이 성공을 거두리라 확신했다. 그리고 시장 흐름이 바뀌기를 조용히 기다렸다.

몇 개월이 지나자 내가 기다리던 일이 벌어졌다. 어느 날《배런스》지를 보고 있던 나는 평균 주가지수가 몇 달째 하락세를 보이는 반면 몇몇 주식이 겨울날 수줍게 내민 꽃순처럼 거의 눈치챌 수 없을 만큼 천천히 기지개를 켜고 있음을 알게 된 것이다. 그러나 이러한 꽃순들이 살아남을지 아니면 추위에 얼어 죽을지는 여전히 미지수였다. 그러나 느린 움직임을 보면서 나는 적지만 몇몇 주식에서 이 약세시장의 끝을 감지하기 시작했다.

이제는 더 이상 과거 주식시장의 선도자들이 시장을 이끌지 못할 것이다. 그들은 역사에서 자신들의 위치를 다했으며 당분간은 과거의 빛나는 위치로 돌아가지 못할 것이다.

나는 새로운 것을 찾아야 했다. 나중에 이러한 생각은 옳은 것으로 밝혀졌다. 약세시장이 계속되는 동안 뒤에 가려져 누구의 주의도 끌지 못하던 종목들이 나중에 크게 성장했던 것이다. 1975년 11월 당시에는 아무도 그러한 종목에 관심을 두지 않았고 나조차 거의 들어본 적이 없었다. 그러한 종목은 다음과 같은 것들이다.

유니버설 프로덕트(Universal Products) : 당시 주가 20달러

티오콜 화학(Thiokol Chemical) : 당시 주가 64달러

텍사스 인스트루먼트(Texas Instruments) : 당시 주가 23달러

제니스 라디오(Zenith Radio) : 당시 주가 116달러

페어차일드 카메라(Fairchild Camera) : 당시 주가 19달러

이러한 주식들은 죽어 있는 것이 아니었다. 다만 앞으로 태어날 것을 기약하며 잠들어 있었던 것이다. 그들은 곧 깨어나도록 운명지어져 있었다. 그리고 시장의 새로운 선두주자로 도약할 것이다. 바로 이 주식들이 나에게 200만 달러를 가져다줄 것이다.

7장

이론이 들어맞기 시작하다

대부분의 월 스트리트 주식들이 표류하고 하락하는 동안 나는 세계 댄싱 투어를 계속했다. 1957년 11월, 나는 사이공의 아크 엔시엘에서 《배런스》 지를 보다가 기존에는 알지 못했던 로릴라드(Lorillard)라는 한 주식에 주목하게 되었다.

나는 그 당시에 이 회사가 필터 담배를 만드는 회사라는 것과 필터 담배의 대유행이 미국을 휩쓸어서 생산량이 천문학적으로 도약할 것이라는 사실을 알지 못했다. 멀리 사이공에서 내가 알 수 있는 것은 로릴라드가 침체의 늪에서 봉화처럼 솟아오르기 시작했다는 것이었다. 시장이 불황인데도 불구하고 이 주식은 17달러에서 10월 첫째주가 되자 24/27 달러의 좁은 박스권을 형성했다. 그 주의 거래량은 12만 6,700주인데 이것은 그해 초의 일반적인 거래량 1만 주와는 상당히 대조적인 것이었다.

주가와 최고 거래량이 꾸준히 상승하자 나는 곧 이 주식에서 엄청난 이익이 날 것이라는 것을 알게 되었다. 그 펀더멘털에 관해서는 그들의 생산품인 켄트(Kent)와 올드 골드(Old Gold)가 잘 팔린다는 것을 알게 되면서 만족스러움을 느꼈다. 나는 이 주식이 27달러를 넘어설 기미가 보이면 매수하기로 작정했다.

나는 내 중개인에게 매일 시세를 보내도록 요청했다. 이러한 시세들에서 전체 시장 상태에도 불구하고 식견 있는 몇몇 사람이 이 주식을 매수하려고 애쓰는 것이 보였다. 그 당시만 해도 로릴라드가 비교적 단기간에 가장 놀랄 만한 상승세를 기록하며 월 스트리트의 새로운 기록을 세울 것이라고 생각한 사람은 거의 없었다.

우리는 약세시장의 밑바닥에 있었고 분위기도 그다지 좋지 않았다. 하지만 로릴라드는 전체 시장의 분위기에 휩쓸리지 않고 자신의 영역에서 등락을 거듭했다.

1957년 11월 중순, 이 주식은 완전히 독자적인 움직임을 갖게 되었고 내가 예상했던 27/32 달러의 박스권으로 상승하기 시작했다. 전체 시장이 이렇게 나쁜데도 이 주식이 홀로 힘을 발휘한 것은 내게 큰 감명을 주었다. 나는 이 주식의 힘을 확신했으며 투자를 하기로 작정했다. 나는 방콕에서 다음과 같은 전보를 보냈다.

"로릴라드 주 200주를 27.5달러에 온스톱 매수하고 손절매 포인트는 26달러로 설정하시오."

비록 기술적 분석과 펀더멘털 분석을 혼합한 내 관점으로 상당히 안전하다고 판단했을지라도, 나는 손절매 주문을 병행해 혹시 있을

지 모르는 손실을 방어했다. 집이 아무리 잘 지어졌더라도 화재보험에 들어놓는 것과 같은 이치다.

며칠이 지나자, 나는 로릴라드 주식 200주를 27.5달러에 매입했음을 알리는 전보를 받았다. 이 매수는 상당히 만족스러웠으며 나는 차후의 큰 상승에 대비해 마음을 다잡았다.

드디어 시험 매수의 결과가 나왔으나 내가 예측한 것과는 달랐다. 내 첫 실험은 실패였다. 11월 26일 화요일, 이 주식은 정확히 내 손절매 포인트인 26달러까지 하락해 전량 매도되었다. 그러나 나를 혼내주기라도 하듯 내가 매도하자마자 곧 상승해 26.75달러로 마감되었다.

그러나 이 기술적 하락은 일시적인 현상이었을 뿐이고 그 상승세가 굳건하므로 나는 다시 이 주식을 매입하기로 마음먹었다. 그리고 나는 이전과 같이 200주를 매수가 28.75달러, 손절매 포인트를 26달러로 설정했다.

이번에는 로릴라드 주의 움직임이 완벽했다. 시간이 갈수록 나는 내 매수가를 상회하는 시가를 보며 기뻐했다. 그것은 내가 올바른 길을 가고 있으며 내 이론이 이 주식에 적용된다는 것을 뜻했다.

내가 옳았다. 1957년 12월, 로릴라드의 주가는 30달러를 넘어서 [31/35]달러의 새로운 박스권을 형성했다. 과거 경험으로 볼 때 이러한 주식들은 계속 상승할 것이 분명했다. 나는 올바른 투자를 하고 있다고 생각했으며 이제 남은 문제는 적당한 시기에 더 많은 자금을 투입하는 것이었다.

나는 매일 시세를 주의 깊게 지켜보았다. 나는 복서가 주먹을 날릴 때를 찾는 것처럼 적당한 순간을 찾았다. 1월 말경, 내가 예상했던 거대한 출렁임이 일어났다. 로릴라드가 명확히 그 박스권을 이탈한 것이었다.

지금이 바로 그 순간처럼 보였다. 기술적 동향, 펀더멘털, 패턴, 모든 것이 고무적이었다. 또 뉴욕 증권거래소는 증거금률을 70%에서 50%로 낮추었다. 이것은 내가 제한된 자금으로 더 많은 주식을 살 수 있음을 의미하는 것으로서 1,000달러로 2,000달러의 주식을 매수할 수 있었다. 나는 지켜보고 있는 다른 주식에 투자할 자금이 필요했으므로 이러한 조치는 내게 큰 도움이 되었다.

나는 방콕에서 일본으로 갔다. 여기에서 나는 추가로 400주를 더 매수하라는 전보를 보냈다. 이 주문으로 결국 35달러와 36.5달러에 로릴라드 주식을 추가 매입할 수 있었다.

그 후 몇 주 동안 이 주식의 움직임은 훌륭했다. 내 이론이 실제로 입증되는 것을 지켜보는 일은 매우 기쁜 일이었다. 내가 세계를 여행하며 춤을 추는 동안 로릴라드는 꾸준히 그 박스권 안에서 춤을 추었다. 로릴라드의 박스는 아름다운 피라미드처럼 점점 위로 쌓여갔다. 나는 이러한 모습을 넋을 잃고 바라보았다. 나는 이처럼 완벽하게 움직이는 주식을 이전에는 본 적이 없었다. 이 주식은 마치 내 이론이 자신의 움직임에서 생긴 것처럼 움직였다.

1958년 2월 17일, 로릴라드는 44.375달러가 되었다. 나는 매우 기뻐했는데 이틀 후 도쿄에서 놀라운 내용의 전보를 받게 되었다. 이 주식이 단 하루 만에 최저 36.75달러로 하락해 결국 37.75달러로 장을 마감했다는 소식이었다.

나는 당황했다. 이러한 움직임은 완전히 예상하지 못했던 것이었다. 나는 그 이유를 도무지 알 수가 없었다. 나는 재빨리 뉴욕으로 전보를 보내 손절매 포인트를 그날 종가보다 2포인트 낮춘 36달러로 상향 조정하라고 연락했다. 나는 이 주식이 이보다 더 하락한다면 전부 팔아치울 것이지만 그렇게 하더라도 여전히 상당한 수익을 내는 것이라 생각했다.

나는 도쿄에 있었으므로 그날 뉴욕 주식시장을 떠돌면서 이 주식을 하락시킨 월 스트리트의 루머를 알 수 없었다. 내가 아는 것이라곤 이 주식이 엉망으로 움직였다는 것뿐이었다. 나중에 알고 보니 뉴욕에서는 필터 담배가 로릴라드가 주장하는 것만큼 폐암에 효능이 있는 것이 아니라는 루머가 나돌았고 그로 인해 많은 투자자가 주가하락을 두려워해서 투매 현상을 보였던 것이었다.

다행히 이러한 주가하락의 동향은 매우 짧게 끝났고 내 손절매 포인트를 건드리지는 않았다. 이로 인해 나는 내 주식의 힘을 확인했으며 추가로 400주를 더 매입하기로 결정하고 38.625달러에 매수했다. 곧바로 이 주식은 상승해 39.75달러에서 40.25달러로, 또 42달러가 되었다.

나는 매우 행복했다. 나는 엄청난 상승장세에 참여한 것 같은 기분이 들었다. 모든 것이 내가 계획했던 대로 돼가는 것 같았다. 이때 내 중개인으로부터 유명한 투자전문지 3주분이 도착했다. 그런데 이 투자전문지는 매주 로릴라드 주식을 빨리 매도하라고 재촉하는 것이었다. 3주째의 기사는 다음과 같았다.

"로릴라드 주식은 이전에 단기투자의 목적으로 투자하라는 우리의 말대로 다음 주에는 분명히 44달러를 밑돌 것이다."

솔직히 매우 놀랐지만 나는 오래전에 투자전문지들에 환멸을 느꼈으므로 더 이상 이러한 기사에 관심을 기울이지 않았다.

그 대신 나는 주식투자에 관해 묻는 미국인 여행자들에게 로릴라드 주식을 추천하기 시작했다. 정말이지 나는 그들에게 도움이 되고 싶었다. 내가 얼마나 그들을 돕고 싶어 했는지 방콕에 있는 에라완(Erawan) 호텔에서의 일화를 보면 잘 알 수 있다.

어느 날 오후 점심식사에서 나는 미국 최대 선박회사 중 한 군데의 사장을 소개받았다. 대화 중에 그는 자신의 주식투자 금액이 300만 달러에 달하는데 스탠더드 오일(Standard Oil) 주를 250만 달러, 로릴라드 주를 50만 달러 보유하고 있다고 했다.

"어떻게 생각하십니까?" 하고 그는 나에게 물었다. 어떻게 생각하느냐고? 그는 가장 적합한 사람에게 질문을 한 셈이었다.

나는 곧바로 스탠더드 오일 주식을 모두 팔고 로릴라드를 매수하라고 말했다. 1년 후 나는 뉴욕의 한 파티에서 그를 다시 만났다. 그 당시 로릴라드는 80달러를 상회하고 있었다.

그는 "요즘 주식시장에 대해 조언을 좀 해주십시오"라고 말했다.

"조언이라고요?"

나는 놀랐다.

"내가 방콕에서 해준 300만 달러 가치의 충고로는 부족했나요?"

"그랬었지요. 그때 그 말에 따랐더라면……."

1958년 3월 셋째 주, 로릴라드는 더욱더 뚜렷한 상승세에 들어갔다. 하루 만에 4.125포인트 상승했으며 그 거래량은 31만 6,600주로 증가했으며 명확한 50/54 달러의 박스권을 형성했다.

4월 둘째 주 로릴라드는 그 새로운 박스권을 이탈했다. 이번에는 새로운 고점인 55.25달러를 돌파했지만 즉시 하락해 이전의 $\boxed{50/54}$ 달러의 박스권으로 돌아왔다. 나는 추가 매수할 생각이 없었으므로 그렇게 속상하지는 않았다. 그러나 나는 조심스레 손절매 포인트를 49달러로 상향 조정했다.

또 매도해 버릴까 망설였지만 그렇게 하지 않기로 작정했다. 이제까지 나는 인내심을 기르기 위해 훈련해 왔고 비록 초기 매수에서 주당 20달러의 수익을 얻을 수 있더라도 너무 빨리 수익을 취하려 하지 않으리라 결심하고 기다렸다.

내가 로릴라드에 투자한 비용은 [표 7-1]과 같다.

[표 7-1]

▶ $28.75에 200주 → $5,808.76
▶ $35에 200주 → $7,065.00
▶ $36.5에 200주 → $7,366.50
▶ $38.625에 400주 → $1만 5,587.24

총 1,000주 → $3만 5,827.50

나는 뒤쪽 세 번의 매수 거래를 50% 신용거래로 했다. 그로 인해 또 다른 투자를 할 수 있는 자금의 여유분을 가지게 되었고, 나는 그 자금을 다이너스 클럽(Diners' Club)이라 불리는 주식에 투자했다. 내가 이 주식에 관심을 가지게 된 것은 로릴라드 주식으로 한창 씨름하고 있던 그해 초였다.

당시 다이너스 클럽은 막 2대 1로 주식분할을 마친 상태였고, 1958년 1월이 되자 거래량이 2만 3,400주로 증가했는데 나는 이것을 비례적으로 높은 수치라고 생각했다.

이러한 거래량 증가가 주가의 상승을 동반하는 동안, 나는 이 주식의 펀더멘털을 조사해 보기로 마음먹었다. 이 조사로 인해 나는 내 판단을 재확신하게 되었다. 이 회사는 하나의 성장 산업에서 거의 독점에 가까운 위치에 있었다. 선두주자 중 하나인 신용카드 사업은 매우 견고하게 구축되어 있었으며 수입은 뚜렷한 상승세에 있었다. 나는 이러한 요인들을 염두에 두고 24.5달러에 500주를 매수하면서 손절매 포인트를 21.625달러로 설정했다.

이제 문제는 이 주식이 어떤 방향으로 움직일까 하는 것이었다. 나는 이미 로릴라드 주식에서 이익을 보고 있었으므로 최악의 경우에 다이너스 클럽에서 잃어도 본전이라고 생각했다. 하지만 그런 최악의 사태는 벌어지지 않았다. 내가 매수한 지 며칠 지나지 않아 이 주식은 상승하기 시작했다.

내 이론에 따라서 나는 곧바로 26.125달러에 추가로 500주를 매수했다. 이 두 매수 거래 역시 50% 신용거래였다.

주가패턴은 완벽히 진행되었는데 처음에는 28/30 달러의 박스, 그 다음에는 32/36 달러의 박스권을 형성하면서 5만 2,600주라는 주간 거래량을 수반했다. 이것은 새로 분할한 주식 중 사상 최고로 높은 거래량이었다.

내 수익이 쌓여가는 동안, 나는 손절매라는 안전장치를 같이 끌고 가는 것을 한순간도 잊은 적이 없다. 그러므로 손절매 포인트를 처음에는 27달러로, 나중에는 31달러로 상향 조정했다.

3월 넷째 주, 이 주식은 새로운 36.5/40 달러의 박스권을 통과했고 거기에서 박스권을 형성하는 것 같았다. 나는 다이너스 클럽의 투자 상황을 정리해 보았다. 내 매수 내역은 [표 7-2]와 같다.

[표 7-2]

▶ $24.5에 500주 → $1만 2,353.15
▶ $26.125에 500주 → $1만 3,167.65

총 1,000주 → $2만 5,520.80

이 주식은 이미 1만 달러 이상의 수익을 내고 있었다. 나는 내 이론에 따라 여전히 매도하지 않고 보유했다. 이 주식은 더 높이 상승할 것처럼 행동했고 모든 징후가 그를 뒷받침했다.

하지만 갑자기 예기치 못한 소식들이 전보로 오기 시작했다. 나는 그 이유를 이해할 수 없었고 불안해지기 시작했다. 이 주식은 상승할 의지를 잃어버린 듯했다. 이 주식의 마지막 피라미드는 곧 하락할 것처럼 멈칫하고 있었고 거의 하락 일보 직전같이 보였다. 폭락장을 함께 경험하는 것을 피하기 위해 나는 손절매 포인트를 비례적으로 가까운 36.375달러로 상향 조정했다.

4월 넷째 주가 되자 박스하한이 깨지면서 내 손절매 포인트에 도달했고 이 주식은 전량 매도되었다. 나는 3만 5,848.85달러를 회수했고 총 1만 328.05달러의 수익을 냈다.

나는 도쿄에 있는 임페리얼 호텔의 내 방에 앉아서 1만 달러의 수익을 냈다는 전보를 손에 들고 앉아서 처음으로 지난 몇 년간의 내 연구와 수고가 값어치 있었다는 생각을 했다. 나는 드디어 정상에 서기 시작한 것이다.

6주 후, 나는 1만 달러보다 더 값지다고 생각되는 뉴스를 들었는데 그것은 내 접근 방법의 기술적 측면을 완전히 확신시켜 주는 것이었다. 그 내용은 아메리칸 익스프레스가 다이너스 클럽의 라이벌로 사업을 시작하기로 결정했다는 공식 발표였다. 이것이 36달러 부근에서 주가가 멈칫한 이유였던 것이다. 어떤 사람들은 이러한 정보를 발표 전에 미리 알았고 다이너스 클럽을 전량 매도했던 것이다. 나는 그러한 정보 없이도 내 기술적 분석만으로 그들에게 뒤처지지 않고 행동했던 것이다.

나는 극동 아시아에 있었으므로 어떤 라이벌이 등장하리라는 정보를 알 수가 없었다. 그러나 주가에 기반을 둔 내 시스템의 기술적 측면은 내게 주식을 처분하라고 일러주었다.

로릴라드와 다이너스 클럽 주식으로 보낸 시간 내내, 나는 《배런스》지 상의 다른 주식들의 시세를 지켜보는 것을 결코 소홀히 하지 않았다. 그래서 이 엘 브루스(E.L. Bruce)라는 멤피스에 있는 조그만 회사의 이익이 폭등할 것이라는 사실을 알게 되었다. 더 자세히 조사해 보니 이 회사는 나무 바닥재를 만드는 회사였다. 이 회사는 내 이론상의 펀더멘털을 가지고 있지는 않았지만 그 기술적 패턴은 내 이론과 꼭 들어맞아서 눈을 뗄 수가 없었다.

나를 놀라게 한 것은 이 엘 브루스의 월 스트리트에서의 움직임이었다. 이 주식은 일반적으로 주간 거래량이 5,000주 이하였다. 그런데 갑자기 거래량이 증가하기 시작했다. 1958년 4월 둘째 주의 거래량은 놀랍게도 1만 9,100주로 증가했다. 그 후 주간 거래량은 4만 1,500주로, 5만 4,200주로, 또 7만 6,500주로 증가했고 주가도 하락의 기미가 전혀 없이 매주 5에서 8포인트 상승했다.

브루스의 주가는 2월의 18달러에서 5월 초가 되자 50달러가 되었다. 그리고 처음으로 기술적 하락이 일어나서 43.5달러가 되었다. 물론 나는 그때까지 확신이 없었지만 내가 보기에 이 기술적 하락은 재충전을 위한 일시적인 숨고르기 같았다. 나는 이 주식이 상승을 계속 할 것이라는 생각이 들었다. 나는 펀더멘털을 찾으려고 노력했지만 도무지 찾을 수가 없었다. 그러나 특별한 펀더멘털 없이도 거래량, 주가 그리고 상승 리듬은 여전했다.

나는 어두워진 극장에서 막이 오르기를 기다리는 사람과 같은 느낌을 가지기 시작했다. 나는 당시 도쿄에서 캘커타로 이동하고 있었는데 가는 동안 줄곧 브루스의 시세에 대해 곰곰이 생각했다. 이 주식은 다른 대부분의 주식에 비해 더 넓고 자유로운 범위를 왔다갔다하고 있었으며, 나는 그 명확한 틀을 정할 수가 없었다. 비행기가 인도양을 지나면서 나는 예외적인 일을 해보리라 작정했다. 그 결론은 펀더멘털이 있든 없든 50달러를 돌파하면 대량 매수하겠다는 것이었다.

하지만 자금이 부족했다. 다이너스 클럽 주식의 매도로 인해 약간의 여유 자금이 생겼지만 그것으로는 충분하지 않았다. 예금을 사용할 수도 있었지만, 거기에는 손을 대지 않았다. 존스 앤 러플린에서

나는 주식투자로 250만불을 벌었다

의 쓰라린 기억 이후로 나는 결코 내가 운용할 수 있는 여력 이상으로 자금을 투자하는 모험을 하지 않기로 결심했기 때문이다. 따라서 다시는 내 무용 공연으로 얻은 수입을 사용하지 않았다.

단 한 가지 가능성은 로릴라드 주식을 살펴보는 것뿐이었다. 이 주식은 어떻게 되어가고 있을까? 상황은 그리 좋지 않았다. 뚜렷한 상승의 기미도 없었고 오히려 하락폭이 더 깊어져만 갔다. 결국 나는 로릴라드에 있는 자금을 빼내서 브루스에 투자할 준비를 하기로 했다. 나는 5월 둘째 주에 1,000주를 평균 57.375달러에 매도했다. 총 매도대금은 5만 6,880.45달러였으며 수익은 2만 1,052.95달러였다.

이것은 다이너스 클럽에서 얻은 수익 1만 달러를 포함해 5개월간 거의 자본의 두 배에 해당하는 수익을 냈다는 것을 의미했다. 나는 기쁘고 자랑스러웠으며 브루스와 같이 강력하고 탄력 있는 주식에 투자할 만반의 준비가 되어 있다고 생각했다.

나는 이번 투자를 위해 특별한 준비를 했다. 로릴라드 주식을 거래한 이후 내 시스템이 잘 작동한다는 것을 확인했으므로 한 증권회사에 전부 위탁하는 것은 바람직하지 않다고 결론내렸다. 한 증권회사에 전부 위탁하는 것은 누가 내 이론을 따라하는 데 장애가 될지도 몰랐다. 나는 뉴욕에 전화를 걸어 두 군데의 증권회사에 계좌를 개설했다.

1958년 5월 셋째 주, 나는 브루스 주식 500주를 50.75달러에 온 스톱 자동 매수주문을 내라는 전보를 뉴욕으로 보냈다. 손절매 포인트는 48달러로 설정했다.

다음 날의 주가 움직임이 매우 마음에 들었으므로 나는 기존 50%

신용거래를 최대한 이용하기로 마음먹었다. 그리고 내 손절매 포인트를 건드리지 않는 것을 보며 추가 매수를 진행했는데 이 매수주문 역시 47달러와 48달러 사이의 손절매 주문으로 보호했다. 만일 이 주식 모두 손절매 포인트까지 하락해 자동매도가 되더라도 다이너스 클럽에서 얻은 수익만 잃는 셈이었다. [표 7-3]은 내 매수 상세 내역이다.

[표 7-3]

▶ $50.75에 500주 → $2만 5,510.95
▶ $51.125에 500주 → $2만 5,698.90
▶ $51.75에 500주 → $2만 6,012.20
▶ $52.75에 500주 → $2만 6,513.45
▶ $53.625에 500주 → $2만 6,952.05

총 2,500주 → $13만 687.55

내 타이밍은 적절했다. 브루스의 주가는 마치 자석에 이끌리는 듯 상승하기 시작했다. 그 솟아오르는 정도에 나는 무척 놀랐으며 정말 볼 만했다.

나는 캘커타에 앉아 내 일일 시세를 보고 있었는데 곧 주가가 60달러를 넘어섰다는 것을 알게 되었다. 그 후 주가는 약간의 숨고르기를 한 후 다시 뛰어올랐다. 6월 13일이 되자 이 주식은 77달러까지 상승했다.

비록 멀리 인도에 있었지만 미국 증권거래소에서는 무엇인가 환상적인 일이 벌어지고 있음이 분명하다고 생각했다. 나는 뉴욕에 직접 연락해 보지도 않고 무슨 일이 일어나는지 알아보려고 애쓰지도 않았다. 아니, 나는 중개인에게 전화를 하는 따위의 일은 루머에 휘말려서 어리석은 일을 하게 만드는 것이라고 스스로 되뇌었다.

월 스트리트에서 무슨 일이 일어나고 있는지 궁금해 하면서 캘커타의 그랜드 호텔에 앉아 있을 때의 나만큼 혹독하게 결단력과 인내심을 시험받은 사람은 아마도 없을 것이다.

며칠 후, 그러한 나의 고통스러운 인내는 뉴욕에서 온 전화에 공포로 변해 버렸다. 그 전화는 내 중개인으로부터 온 전화였는데 그의 얘기를 듣는 순간 거의 숨이 멎을 뻔했다. 그는 "브루스 주가 미국 증권거래소에서 거래정지되었습니다"라고 말했다. 나는 수화기를 떨어뜨릴 뻔했다. 끔찍했다. 거래정지라니! 나는 내 자금 전체인 6만 달러를 브루스에 투자했는데, 그러면 내 돈을 모두 잃었다는 말인가? 나는 너무 놀라 그의 말을 집중해서 들을 수가 없었다. 그의 말을 들을 수 있을 때까지는 약간의 시간이 필요했다.

감정이 격해진 관계로 한참을 듣고 나서야 비로소 그 거래정지가 파산과는 거리가 먼 것이고 장외시장에서 주당 100달러에 팔 수 있게 되었다는 말임을 이해하게 되었다. 나는 너무나 혼란스러웠다. 주당 100달러라니? 이게 무슨 말이지?

나는 그의 이야기를 듣는 동안 벌벌 떨고 있었다.

월 스트리트의 어떤 투자자들은 순전히 펀더멘털에 기반한 접근 방법에서 나온 시각을 바탕으로 브루스 주식의 가치와 주가의 지표가 되는 수익이 주당 30달러를 넘지 않을 것이라고 했었다. 그러므로 그들은 이 주식이 45달러에서 50달러에 이르자 다시 30달러에 가까워지면 재매수할 수 있을 것이라 생각하며 재빨리 팔아치우기 시작했다.

그러나 여기에는 그들이 알지 못했던 한 가지 요소가 있었다. 뉴욕의 사업가인 에드워드 길버트가 브루스 일가를 경영진에서 몰아내려하고 있었고, 그와 그의 관계자들이 브루스 일가가 소유한 주식 31만 4,600주의 대부분을 차지하려고 애쓰고 있었던 것이었다. 이러한 까닭에 주가가 급등한 것이다. 거래량은 엄청나게 상승했고 브루스 주는 10주 동안 27만 5,000주 이상이 거래되었다.

그래서 그릇된 판단을 했던 단기투자자들은 이 주식을 사려고 아우성쳤지만 살 수 없었다.

결국 이러한 광적인 거래로 인해 정상적인 시장을 보증할 수 없게 된 증권거래소가 이 주식을 거래정지시킨 것이다. 하지만 이러한 조치가 절박한 단기투자자에게는 아무런 변화를 주지 못했다. 그들은 여전히 이 주식을 매수했고 장외시장에서 얼마라도 지불할 용의가 있는 상황에 이르렀다.

나는 이제까지의 전보들을 분석해 보았고 어떻게 이러한 엄청난 상황이 벌어지기 시작했는지에 대해 생각해보았다. 나는 그동안 내가 전화도 하지 않고 무슨 일이 벌어지는지 알려고도 하지 않으려고 얼마나 고생했는지를 기억했다. 그러한 것들은 결국 '루머'에 지나지 않으며 나는 그러한 루머에 귀를 기울이지 않기로 결심한 바 있다. 나는 브루스 주가 경이적으로 계속 상승하는 것을 매일 시세를 통해 알고 있으면서도 어떻게 팔아치우지 않고 보유했는지를 생각했다. 그렇지만 나는 어떻게 해야 할지 알 수가 없었다.

계속 보유해야 할까? 나는 매우 어려운 결정의 순간에 직면하게 되었다. 나는 매우 크고 유혹적인 수익을 제안 받았다. 중개인에게 이 소식을 들었을 때, 이 주식을 팔고 싶은 마음이 강하게 들었다. 주당 100달러에 매도하는 것은 엄청난 수익을 의미하기 때문이었다.

중개인의 말을 듣고 있는 동안 나는 열심히 생각했다. 그리고 내 인생에서 가장 중요한 결정 중의 하나를 내렸다. 나는 이렇게 말했다.

"아닙니다. 나는 100달러에는 팔지 않겠습니다. 오르는 주식을 팔 아무런 이유가 없습니다. 그냥 보유하고 있겠습니다."

그랬다. 그것은 매우 중대하고 어려웠지만 올바른 결정이었다. 그 후 몇 주 동안 나는 미국 전역의 중개인들에게 주식을 더 높은 가격에 팔라는 전화를 수없이 받았다. 나는 장외시장에 100주나 200주 단위로 조금씩 팔아갔으며 결국 평균 171달러에 전량 매도했다.

이것은 내가 처음으로 맛본 큰 수확이었다. 나는 이번 거래에서 29만 5,305.45달러의 수익을 냈다. 이것은 나에게 엄청난 사건이었다. 나는 너무 기뻐서 어찌해야 할 줄 몰랐다. 나는 만나는 사람 모두에게 이 이야기를 해주었는데 사람들은 한결같이 누가 정보를 주었느냐고 묻기만 했다. 나는 아무도 정보를 주지 않았으며 나만의 결정으로 했으며 그것이 내가 기뻐하고 흥분하는 이유라는 것을 설명하려고 애를 썼다.

그러나 아무도 나를 믿지 않았다. 아마도 지금까지도 캘커타에 있는 내 친구들은 내가 길버트 씨에게 톡톡히 신임을 얻고 있었다고 생각하고 있을 것이다.

나의 첫 번째 50만 달러

이 엘 브루스 주식에서의 엄청난 성공으로 나는 더욱 의욕적으로 변할 수도 있었고 오히려 더 부주의하게 변할 수도 있었다. 그러나 나는 더욱 조심스러워졌다.

나는 9개월간의 투자로 얻은 32만 5,000달러 이상의 수익금을 잘못된 판단으로 잃지 않으리라 결심했다. 많은 주식투자자가 9개월 동안 번 큰돈을 9주 만에 잃어버리곤 했다. 나는 이러한 일들이 나에게 일어나지 않도록 하리라 결심했다. 이를 위해 내가 취한 첫 번째 조치는 내 수익의 반을 회수하는 것이었다. 그리고 나머지 자금으로 내 이론에 따라 움직이는 또 다른 주식을 찾으면서 주의 깊게 시장을 지켜보았다. 큰 수익을 내고 난 후에 흔히들 그렇듯 나는 한두 달 동안 전혀 수익을 내지 못했다.

나는 심사숙고 끝에 몰리브데눈(Molybdenun)의 주식 500주를 매입했다. 주당 27달러, 매매대금 1만 3,606.25달러였다. 그러나 주가가 곧바로 주당 26.5달러로 하락하자 1만 3,123.78달러에 되팔았다.

그 다음으로 해빅 인더스트리(Haveg Industries) 주식에 투자했는데, 총 1만 5,860.95달러를 들여 31.375달러에 매수한 500주가 곧바로 하락세로 돌아섰고, 30달러 아래로 떨어질 것 같아서 곧 30.5달러에 전량 매도해서 1만 5,056.94달러를 회수했다.

그 후 나는 다른 흥미로운 주식을 찾지 못했으므로 과감히 다시 로릴라드에 투자했다.

사막의 선인장처럼 약세시장 속에서도 꼼짝 않고 있었던 이 주식은 이제 점잖은 노신사처럼 서서히 움직이기 시작했다. 그러나 나는 처음에 이 주식에서 큰 수익을 냈기 때문에 이 주식에 대해 애착을 가지고 있었다. 오랜 시간 나는 이러한 감정을 버릴 수 없었다. 마치 애완견에 대한 애착과 같았던 것이다. 이것은 정말 잘못된 행동이었지만 나는 어쩔 수 없었다. 나는 이 주식이 더 높은 박스권으로 이동하리라 생각해서 세 번이나 매수했지만 매번 그 새로운 박스권에 이르지 못해 매도해 버렸다. [표 8-1]은 나의 로릴라드 주 운용 내역이다.

[표 8-1]

1,000주 매입가 $70.5 ($7만 960.50) | 매도가 $67,875 ($6만 7,369.74)
손실 → $3,590.76
500주 매입가 $69.125 ($3만 4,792.05) | 매도가 $67.75 ($3만 3,622.42)
손실 → $1,169.63
1,000주 매입가 $67.75 ($6만 8,207.80) | 매도가 $67 ($6만 6,495.66)
손실 → $1,712.14

세 번째 손실은 결국 나의 감정적인 애착을 무너뜨렸고, 나는 이 주식을 다시는 사지 않았다. 나는 로릴라드가 매우 한가로이 움직이는 동안은 더 이상 나를 위한 주식이 아니라는 것을 깨달았다.

로릴라드에서 손을 뗀 후, 나는 때를 기다리며 나의 전체 손익을 추정해 보았는데 그 내용은 [표 8-2]와 같다.

[표 8-2]

	이익	손실
로릴라드 (Lorillard)	$2만 1,052.95	$6,472.53
다이너스 클럽 (Diners' Club)	$1만 328.05	
이 엘 브루스 (E. L. Bruce)	$29만 5,305.45	
몰리브데눈 (Molybdenun)		$482.47
해빅 인더스트리(Haveg Industries)		$804.01
	총 $32만 6,686.45	총 $7,759.01

나의 전체 이익은 31만 8,927.44달러였다. 한편 나는 로릴라드의 주식을 사고파는 사이에도 계속해서 내 이론에 부합하는 주식들을 찾아다녔다. 나에게 이 조사를 더욱 부채질한 가장 중요한 원인 중 하나는 전반적인 주식시장이 점점 더 강세를 보이기 시작하고 있다는 사실이었다. 시장이 강세를 띤다고 판단되니 가능한 한 빨리 전망 좋은 주식을 사서 수익을 내고 싶었다.

내 눈길을 끈 주식 중 하나는 유니버설 프로덕트(Universal Products)라는 무명의 조그만 회사였다. 이 주식의 시세는 35달러 정도였는데 35.875달러와 33.5달러 사이를 오르락내리락하고 있었다. 나는 그 회사가 전자회사라는 것을 알아냈는데, 그것은 나의 '기술적 펀더멘털리스트' 이론에도 정확히 맞아떨어지는 것이라고 생각했다.

1958년 7월, 나는 캘커타에 있으면서 중개인에게 이 회사의 일일 시세를 알려달라고 요청했고, 그들은 이 주식의 전망이 매우 좋다고 했다. 하지만 최근 로릴라드에서의 손실은 내게 연속적으로 손실을 볼 수 있다는 사실을 상기시켜 주었기에 나는 매우 주의 깊게 행동했다. 나는 실제로 이 주식을 얼마간 보유하게 된다면 주식 흐름에 대한 감을 잡을 수 있을 것 같았다. 그래서 나는 시험 매수를 하기로 마음먹고 다음과 같은 전보를 보냈다.

"35.25달러 또는 그 이상으로 유니버설 프로덕트 300주를 매수하시오."

다음 날 나는 유니버설 프로덕트 주식 300주가 35.25달러에 매수되었다는 전보를 받고 다음과 같이 전보를 보냈다.

"32.5달러를 손절매 포인트로 설정하시오."

이제 남은 일은 다음에 일어날 움직임을 지켜보면서 기다리는 것이었다. 이 기간에 나는 인도 여러 곳을 돌아다녔는데 유니버설 프로덕트의 시세에 대한 전보는 어딜 가든지 날 따라다녔다. 1958년 8월 셋째 주, 나는 카슈미르의 스리나가르에 있었는데 이 주식의 주가가 상승세를 형성하기 시작하는 것을 보고 다음과 같이 전보를 보냈다.

"유니버설 프로덕트 주식 1,000주를 매수가 36.5달러, 손절매 포인트 33달러에 매수하시오."

그리고 뉴델리의 임페리얼 호텔에 있을 때 다음과 같은 전보를 받았다.

"유니버설 프로덕트 1,200주 36.5달러에 매수 체결, 종가 36.75달러(고가 : 37.875달러, 저가 : 35.375달러) 등."

이것은 내가 주식을 36.5달러에 샀고 그날의 종가가 36.75달러였다는 의미다. 비록 내가 매수한 가격보다 많이 오르지는 않았지만 종가는 더 높았다. 이제 문제는 나의 주식이 계속해서 오를 것인가 아니면 기존의 박스로 되돌아갈 것인가 하는 것이었다.

나는 꽤 흥분해 있었다. 비록 최대 손실 한계를 정해 놓았지만 이제 이 문제는 나의 판단이 옳은지 그른지의 문제였다. 나는 다음 날까지 전보를 기다릴 수 없을 지경이 되었다. 마침내 그 전보가 도착했는데 유니버설 프로덕트가 38.125달러에 마감되었다는 것이었다. 하루 동안 그 범위가 38.75달러에서 37.5달러였다. 적어도 이때만큼은 내가 옳았다는 것이었다.

다음 며칠 동안 주가는 계속해서 상승했다. 나는 카라치에서 추가로 40달러에 1,500주를 매수했다. 이런 일이 있은 뒤 곧 유니버설 프로덕트는 상호를 유니버설 컨트롤스(Universal Controls)로 바꾸고 2대 1의 주식분할을 했다. 이 주식은 계속해서 순조롭게 움직이고 있었지만 나는 마지막 매수 이후 감당할 만큼의 주식만 보유하기로 작정했기 때문에 추가 매수는 하지 않았다.

[표 8-3]은 나의 매수 명세다(이 표와 앞으로 나올 표들에 있는 주가는 평균값이다).

[표 8-3]

▶ 시험 매수 300주 매입가 $35.25 → $1만 644.95

▶ 매수 1,200주 매입가 $36.5 → $4만 4,083.56

▶ 매수 1,500주 매입가 $40 → $6만 585.00

총 3,000주 → $11만 5,313.51

위와 같이 주식을 매입한 나는 분할된 신주 6,000주를 보유하게 되었다. 이제 주식이 오르기를 기다리기만 하면 되는 것이다.

12월 초에 나는 유니버설 컨트롤스가 정확히 내 이론에 따라 움직이는 것을 지켜보고 있었는데, 이때 이 주식을 내 비서에게 추천하며 31.75달러에 매수하라고 말했다. 그리고 "30달러 이하로 하락하면 손절매하고, 그렇지 않으면 크게 오를 때까지 보유하게. 만일 손해가 나면 내가 전부 보상해주지"라고 말했다.

그러나 그의 아버지는 보수적이며 완전한 펀더멘털리스터였다. 내가 제안했던 얘기를 듣고는 그렇게 바보 같은 짓은 하지 말라고 말했다는 것이다. 그의 주장은 다음과 같았다. 떨어질지도 모를 주식을 사는 이유가 뭔가? 그는 모두가 상승을 확신하는 주식만을 사야 한다고 생각했다. 그의 아버지는 재무 상태가 좋은지를 알 수 있도록 회사의 재무자료를 조사해 봐야 한다고 했다는 것이다.

내 비서는 아버지의 충고를 받아들였다. 그래서 그는 어떠한 자금도 투자하지 않고, 그의 아버지가 주의 깊게 재무자료들을 조사할 때까지 기다렸다. 그런데 재무자료 조사에 열중하는 동안 주가는 50

달러까지 상승했다.

유니버설 컨트롤스와 더불어 나는 그 움직임이 훌륭해 보이는 또 다른 주식을 지켜보고 있었는데 그것은 바로 티오콜 화학이었다.

내가 처음으로 이 주식에 관심을 갖게 된 것은 도쿄에 머물고 있던 1958년 2월이었다. 당시 이 주식은 2대 1의 주식분할을 했으며 39/47 달러의 박스권을 맴돌고 있었다. 이 주식은 그 후 수개월 동안 이 범위에 머물렀다.

나는 《배런스》지를 구독하며 정기적으로 이 주식을 점검했고, 이 박스권은 여름날의 연못과 같이 아무런 변동이 없었다. 그러나 어찌 된 일인지 나는 그것이 폭풍 전의 고요함처럼 느껴졌다.

3월이 되자 나는 뉴욕에 다음과 같은 전보를 보냈다.

"티오콜의 시세를 보내주시오."

그 후 4월에 약간의 시세 동요를 보인 것 외에는 별로 주목할 만한 일이 발생하지 않았다. 몇 주 후 나는 홍콩에서 다음과 같은 전보를 보냈다.

"티오콜의 시세를 보내는 것을 중단하고 45달러가 넘으면 다시 보내주시오."

나는 이 주식이 다시 박스의 상단에 도달할 때를 다시 주목해야 할 시기라고 생각했다. 내 전보에 다시 티오콜의 시세가 등장한 것은 8월 첫째 주였다. 주가가 45달러를 넘어서자 티오콜 주식은 더 높은 곳의 도약을 위해 잠시 움츠리고 있는 것처럼 보였다. 나는 시험 매수를 하기로 하고 다음과 같은 전보를 보냈다.

"티오콜 주식 200주를 47.25달러에 매수하시오."

매수 대금은 9,535.26달러였다. 티오콜 주가 그 진정한 원동력을 찾은 것은 그로부터 3주가 지나서였다. 8월 마지막 주에 나는 그 순간이 왔음을 느꼈다. 나는 뉴욕에 전보를 보냈다.

"티오콜 1,300주를 49.5달러에 온스톱 매수하시오."

1958년 9월 2일에 49.875달러로 매수 계약이 체결되었다. 매수 대금은 65,408.72달러였다. 내가 가진 1,500주는 순식간에 50 이상으로 오르고 52/56 범위에서 거래되었다. 1주일 후, 나는 티오콜이 주식인수권을 발행하기로 했다는 통보를 받았다.

이러한 인수권은 보너스로 주식 보유자에게 1주당 1권리의 비율로 주어진다. 즉, 이 인수권 12개로 42달러라는 특별가격에 티오콜의 주식 한 주를 살 수 있다. 시세가 50달러를 상회하므로 인수권을 행사한다면 이 가격은 정말 싼 것이다. 만일 인수권을 행사하지 않는다면 일정 기간 미국 증권거래소에서 거래할 수 있다.

하지만 이 인수권에는 매우 흥미로운 또 다른 특징이 있다. 증권거래 규정에 따르면 이 권리를 행사해 회사의 주식을 매입할 경우, '특별 예약 계정(special subscription account)'을 이용할 수 있으며 인수권을 이 계정에 예치하면 중개인에게 시세의 75%까지에 이르는 자금을 빌려줄 수 있도록 되어 있다. 게다가 매수 수수료도 없다.

나는 이 제도를 잘 이용했다. 신용대부로 굉장히 많은 양의 주식을 살 유일무이한 기회가 나에게 주어진 것이다. 나는 모든 여유 자금을 투자하기로 마음먹고 곧바로 내 투자 현황을 점검해 보았다. 그 현황은 [표 8-4]와 같다.

[표 8-4]

초기 투자액	$3만 6,000
총 이익(손실 공제 후)	$31만 9,000
총 자본	$35만 5,000
현금 회수액	$16만
투자 가능액	$19만 5,000
현재 보유액	
3,000주 유니버설 컨트롤스	$11만 5,300
1,500주 티오콜	$7만 5,000
신용 거래 규정에 의한 증거금(70%)	$13만 3,000
추가 투자 가능액	$6만 2,000

그러나 이상한 상황이 전개되었다. 뉴욕에서 이 신용대부에 대한 협상을 하는 도중, 나는 75% 대부금을 인정하는 규정에도 불구하고 내가 '특별 예약 계정'에서 빌릴 수 있는 금액이 중개인들마다 큰 차이가 있음을 알게 되었다. 한 중개인은 주식 구매가격의 75%를 빌려주려는 반면, 어떤 중개인은 주식시장 가격의 75%를 빌려주려고 하기도 했다. 티오콜의 당시 시세가 55달러 정도였으므로 후자의 제안은 매우 좋은 대부 조건이었기 때문에 나는 이를 이용하기로 했다.

나는 평균 1.3125달러의 가격으로 총 4만 9,410달러를 들여 인수권 3만 6,000구좌를 매입했다. 이로써 나는 주당 42달러에 3,000주를 매입할 수 있는 권리를 갖게 되었다. 여기에는 12만 6,000달러가 소요되는데 위와 같은 대부 조건을 이용해 현금은 6,000달러만 더 내면 되었다. 나머지 자금은 내 중개인들 중 한 명이 대부해 주었던 것이다. 이러한 신용대부는 매우 유리했으므로 나는 이 유일무이

한 대부 조건을 더 잘 활용하기로 했다.

나는 기존에 가지고 있던 티오콜 주식 1,500주를 팔아서 특별 예약 규정을 이용할 경우 곱절의 주식을 매입할 수 있다는 것을 알게 되었다. 그래서 평균 53.5달러에 기존 주식 1,500주를 매각하고 이 것으로 얻은 자금 7만 5,000달러로 인수권 3만 6,000구좌를 매입했다. 그리고 이 인수권을 위와 같은 과정을 밟아 주식 3,000주로 바꾸었다. (티오콜 주식 1,500주 매각 → 티오콜 인수권 3만6,000 구좌 매입 → 티오콜 주식 3,000주 매입)

이와 같은 방법으로 총 6,000주를 35만 820달러에 매입했다.

12월 둘째 주에 티오콜 주식은 미국 증권거래소에서 뉴욕 증권거래소로 옮겨졌고 그 즉시 8포인트가 상승했으며, 그 다음 주에는 주당 100달러에 도달했다. 이렇게 티오콜의 주가가 상승을 계속하고 있는 동안 다음과 같은 전보를 보내온 것을 보면 내 중개인은 조바심이 났던 것이 분명하다.

"티오콜 주식의 수익은 현재 25만 달러입니다."

나는 이 전보를 파리의 조지 5세 호텔에 머무르고 있을 때 받았다. 브루스에서의 수익까지 합치면 나는 50만 달러 이상의 수익을 낸 것이었다. 이것은 내가 가질 수 있으리라고는 전혀 생각하지도 못했던 큰 금액이었다. 이 돈이면 평생 동안 부자로 살 수 있을 것이었다.

갑자기 이 모든 돈을 내가 가질 수 있다는 생각이 들었다. 나의 모든 신경이 '팔아, 팔아'라고 말하는 것 같았다. 정말 큰 유혹이었다. 나는 어떻게 해야 하는가? 주가는 계속 오를 것인가? 이익을 챙기고 그만두어야 하는가? 아마도 더 이상 오르지 않을지도 모른다. 혹은 다시 하락할지도 모른다. 매우 많은 돈이 나의 선택 결과에 달려 있어 '언제 팔 것인가'를 결정하는 일은 너무도 힘겨웠다.

만일 그 매도시점이 올바르다면 내 인생 전체가 바뀌게 되는 것이었다. 반면 잘못된 선택을 하면 나는 평생 후회하며 살지도 모를 일이었다. 나는 외로움을 느꼈다. 어느 누구도 나에게 어떻게 하라고 조언해 줄 수 없는 상황이었다. 나는 밖으로 나가 혼자 술을 마시며 상황을 곰곰이 생각해 보기로 했다. 그리고 밖으로 나가기 전에 나는 화장대 앞에 앉아 조그만 종이 위에 다음과 같이 썼다.

"브루스를 기억해."

나는 이 구절이 과거에 배워왔던 것들을 상기시켜 줄 것으로 생각했다. 파리의 거리를 헤매는 동안 나는 줄곧 주머니 안의 그 조그만 쪽지를 만지작거리고 있었다. 그리고 중개인에게 티오콜을 팔아버리라고 전보를 보내고 싶어질 때마다 이 쪽지를 꺼내본 후 망설이곤 했다.

마침내 나는 팔지 않기로 마음먹었다. 이 결정은 나의 새로운 시장 기법의 가장 좋은 예였으며 결코 실행하기 쉬운 것이 아니었다. 호텔로 돌아왔을 때 난 매우 지쳐 있었다. 이때의 내 모습은 부자가 되기 직전의 사람이 아니라 오히려 자살을 하러 가는 사람처럼 보였을 것이다. 그러나 나의 결정은 옳은 선택이었다. 티오콜의 주가는 계속해서 상승했으며 나는 파리에서 내린 그 결정으로 주식을 계속 보유할 수 있었고 결국 더 큰 수익을 낼 수 있었다.

그로부터 몇 주 후인 1959년 1월에 나는 뉴욕으로 돌아왔다. 내가 아이들와일드 공항에 도착할 당시, 내겐 티오콜 주식 6,000주와 유니버설 컨트롤스 주식 6,000주가 있었다. 이 두 주식은 모두 순조롭게 움직이고 있었고 티오콜은 주당 100달러, 유니버설 컨트롤스는 45달러로 올랐다.

내가 뉴욕에 도착해서 맨 처음으로 한 일은 중개인들을 만나서 그들이 다루고 있는 내 주식들의 동향을 논의하는 것이었다. 그들은 장부를 보면서 내가 50만 달러 이상을 벌게 되었다고 말해주었다.

나는 기운이 났고 자신감과 승리감을 느꼈다. 나는 플라자 호텔에 방을 예약하고 머무르는 동안 주식시장과 가까운 곳에서 주식거래를 계속하기로 마음먹었다. 그러나 이러한 행동이 나를 완전히 바보로 만드는 짓이었다는 것을 어찌 알 수 있었겠는가?

그 후 몇 주 만에 나는 나 자신을 파멸의 구렁텅이로 몰고 갔다.

내게 닥친
두 번째 위기

9장

50만 달러가 넘는 수익을 낸 경험은 나에게 엄청난 자신감을 주었다. 나는 그렇게 큰돈을 벌었던 방법에 대해 매우 명확한 개념을 정립하고 있었고, 또 한 번 그러한 위업을 달성해낼 수 있다고 확신했다. 나는 자신만의 기법을 완전히 터득했음을 의심하지 않았다. 전보를 이용해서 주식을 하는 동안 나는 제6의 감각을 계발했다. 나의 주식을 '느낄' 수 있었다. 이것은 음악가들이 발전시키는 '음감'과 하등 다를 바가 없었다. 음악가들의 귀는 일반 청중이 식별할 수 없는 반음 차이도 식별할 수 있다.

나는 주식이 어떻게 움직이리라는 것에 대해 대부분 말할 수 있었다. 어떤 주식이 8포인트 상승 후 4포인트 하락한다고 해도 나는 놀라지 않았다. 내가 바로 그렇게 예상했기 때문이다. 주식이 상승

나는 주식투자로 250만불을 벌었다

세를 타면 나는 종종 언제 그 주식이 오를 것인지를 예측해냈다. 이 것은 어떤 신비하고 설명할 수 없는 본능이지만 내가 그러한 능력을 가지고 있다는 사실을 나 스스로가 의심하지 않았다. 마치 내가 거대한 힘을 가지고 있는 것 같았다.

그러므로 내가 서서히 나 자신을 '재계의 나폴레옹'이라 상상한 것은 조금도 놀라운 일이 아니었다. 내 앞에는 화려한 길만 계속될 것이라 믿어 의심치 않았다. 어떠한 위험도 알지 못했으며 그 길에 위험한 괴물이 기다리고 있다는 사실도 전혀 눈치 채지 못했다. 결국 나는 '내가 했던 일을 할 수 있는 사람이 얼마나 될까?'라고 생각하며 우쭐해했다.

나는 진지하게 사업에 뛰어들기로 했다. 내가 50만 달러를 벌 수 있다면 200, 300, 아니 500만 달러 이상을 벌지 못할 이유가 뭐 있겠는가? 비록 최근에 증거금률이 90%로 인상되었지만 브루스 주에서 얻은 이익 중 회수했던 16만 달러로 새로운 성공의 발판을 만들 수 있을 것이라고 확신했다. 나는 위험한 데이트레이딩을 하려고 했는데 그러한 거래는 예전의 매매가 보잘것없어 보이게 했다.

주머니가 두둑해지면서 나의 머리는 나약해져 갔다. 나는 주식시장에 있는 모든 사람이 빠지면 헤어나오지 못하는 가장 위험한 정신 상태인 자만심에 빠진 것이었다. 그리고 얼마 지나지 않아 경솔하게도 주식을 완전히 터득했다고 생각하는 사람들이 맛보는 쓰라린 경험을 했다.

뉴욕에서 며칠을 보낸 후, 나는 시장과 좀 더 밀접한 접촉을 가지기로 마음먹었다. 바보라도 할 수 있는 명확한 시스템을 가지고 있으므로 시장 가까이에 있다 보면 매일 거액을 벌어들일 수 있을 것으로 믿었다. 앞으로 큰 부를 이룩할 장면을 그리며 나는 내 중개인 중 하나의 객장을 택했다.

객장은 첫눈에도 너무나 맘에 들었다. 커다란 거래장 안에는 쉼 없이 작동하고 있는 조그만 기계와 증권시세 표시기가 있었으며, 표시기 앞엔 의자가 있었다. 그리고 분위기는 흥분되어 있고 자극적이었다. 방 안의 사람들은 몬테카를로의 도박사들처럼 신경을 곤두세우고 상기되어 있었다. 이곳은 혼잡과 소음으로 가득 차 있었다. 증권시세 표시기 소리, 타자기 두드리는 소리, 전보기계 찰칵거리는 소리들이 들렸고 직원들은 객장을 바쁘게 돌아다니고 있었다. 사방에서 "굿이어(Good Year)가 좋지 않은 것 같은데!" 혹은 "아나콘다 (Anaconda)를 팔아야겠어" 또는 "반등 분위기가 성숙해져 있는데!" 하는 소리들이 들려왔다.

첫째 날 나는 이 팽팽하고 자극적인 분위기 속에서도 불안해 하지 않았다. 나는 이미 성공을 거둔 사람으로서 이 긴장한 사람들의 갈망, 희망, 두려움 위에 있다고 생각했다. 그러나 그러한 상황은 그리 오래가지 못했다. 거래장에서 매일 거래를 하기 시작하면서 나는 점차 내가 가진 초연함을 버리고 그들과 어울리게 되었다. 나는 혼동스러운 사실, 의견 그리고 가십거리에 귀를 기울였고 각종 정보지를 읽었다. 또 "당신은 시장에 대해 어떻게 생각하죠?"라든지 "그 주식은 왜 값이 싸죠?"하는 질문에 답하기 시작했다. 이러한 모든 것이 내게 치명적인 영향을 미쳤다.

며칠 거래하는 동안에 나는 이전 6년 동안 배웠던 모든 것을 내

나는 주식투자로 250만불을 벌었다

던져버렸다. 나는 나 스스로를 그렇게 행동하지 않도록 훈련시켜온 모든 금기를 행해버렸다. 중개인과 얘기했고 루머에 귀를 기울였으며 항상 시세표시기에 붙어 있었다.

마치 일확천금이라는 귀신에 씐 것 같았다. 나는 그동안 전신거래를 통해 조심스레 구축해왔던 선명한 시각을 잃어버렸다. 나는 나의 투자 기술을 잃어버리는 길로 한걸음 한걸음 몰고 간 것이다.

맨 먼저 나를 떠나간 것은 나의 제6의 감각이었다. 나는 아무것도 '느낄' 수가 없었다. 내가 볼 수 있는 것이라고는 리듬이나 이유 없이 오르내리는 주식의 정글뿐이었다. 결국 나의 독립심은 사라졌다. 나는 점점 내가 지녀왔던 시스템을 포기하고 다른 사람의 시스템을 따라가기 시작했다. 내 이성은 나를 저버렸고 감정이 나를 완전히 지배했다.

다음과 같이 설명하면 내가 나의 시스템을 고수하는 것이 얼마나 어려웠는지 이해할 수 있을 것이다. 사람들로 가득 찬 극장에서 "불이야!"라고 소리치면 무슨 일이 일어날까? 사람들은 비상구로 몰릴 것이다. 서로 먼저 나가려고 밀고 밟으면서 결국은 많은 사람이 다칠 것이다. 또 누군가 물에 빠졌을 때 물에 빠진 사람은 자신을 구해줄 사람을 붙들고 몸부림쳐서 어쩌면 그 사람마저 물에 빠뜨리고 말지도 모른다. 이처럼 화재 현장에 있는 사람들이나 물에 빠진 사람들은 비이성적이고, 올바르지 못하며, 본능만이 그들을 지배한다.

나 또한 다수를 따르면서 그러한 사람들처럼 행동하기 시작했다. 외로운 늑대가 되기보다는, 혼잡하고 흥분된 채 털 깎이기를 기다리며 다른 양들과 떼지어 어지럽게 돌아다니는 한 마리 양이 되기로 했다. 내 주변의 모든 사람들이 '예'라고 말할 때 '아니오'라고 말하는 것은 불가능한 일이었다. 다수가 두려우면 나도 두려웠다. 그들이 희망을 가지고 있으면 나도 희망이 있는 것이었다. 심지어 내가 어렸을 때에도 그때만큼 수동적인 적은 없을 정도였다. 나는 모든 기술과 조절능력을 잃었으며 내가 손댄 모든 것이 잘못되어 갔다.

나는 완전히 초보자처럼 행동했다. 내가 구축했던 주의 깊은 투자 시스템은 내 주위에서 무너졌으며 모든 거래는 실패작으로 끝이 났다. 나는 수없이 모순된 주문을 냈다. 가령 55달러에 매수한 주식이 51달러가 되어도 난 매도하지 않고 이 주식에 매달렸다. 그렇다면 손절매 장치는 어떻게 했을까? 내가 맨 처음으로 내던져버린 것이 바로 손절매 주문이었다. 또 나의 인내심은? 그리고 판단력은? 나는 아무것도 가진 것이 없었다. 박스이론에 대해서도 이미 잊어버리고 말았다.

시간이 갈수록 내 주식거래는 다음과 같은 악순환을 되풀이했다.

최고가로 매수한다 ➡ **내가 사자마자 주가가 하락하기 시작한다** ➡
난 두려워한다 ➡ **최저가에 판다** ➡ **내가 팔자마자 주가는 상승하기**
시작한다 ➡ **욕심을 가지게 된다** ➡ **그리고 다시 최고가에 산다**

난 크게 좌절했고 자신의 어리석음을 탓하는 대신 실수에 대한 다른 이유를 만들어냈다. 그리하여 난 '그들'의 존재를 믿기 시작했다. '그들'은 내게 비싸게 팔고 '그들'은 나에게 싸게 주식을 사갔다. 물론 '그들'이 누구라고 말할 수 없지만 난 '그들'의 존재를 믿지 않을 수 없었다. 내 정신에 있는 이 음침한 괴물, '그들'과 싸우면서 나는 무모해져 갔다. 주식이 나를 때려눕히고 가면 그때마다 나는 피를 닦으며 일어나 더욱 대들었다. 이미 50만 달러 이상을 번 나에게 이런 일이 일어날 수는 없다고 끊임없이 되뇌었다. 얼마나 바보스러웠는지!

그때는 완전한 실패의 시기였다. 나는 몇 주 사이에 10만 달러를 잃었다. 당시 내 거래내역은 꼭 정신병자의 이야기 같았다. 나는 여전히 현실을 믿을 수가 없었다. 그러나 지금은 당시의 모든 것이 자만심과 허영심으로 이끈 자기 중심의 사고방식에 의한 것이었다는 것을 알고 있다. 그러한 것들이 실패를 가져온 것이었다. 나를 때려눕힌 것은 시장이 아니라 나 자신의 비합리적인 본능과 조절할 수 없는 감정이었던 것이다.

나는 주식을 매수한 지 몇 시간 만에 바로 매도했다. 데이트레이딩을 하게 되면 25%의 증거금만으로 거래를 할 수 있었다. 그러나 이러한 이점을 누린 대신, 나는 매번 수천 달러의 투자손실을 보았다. 그 거래내역은 [표 9-1]과 같다.

[표 9-1]

▶ 해빅 인더스트리(Haveg Industries) : 2,500주
매입가 $70 ($17만 6,150.00)
매도가 $63.5 ($15만 7,891.34) → 손실 : $1만 8,258.66

▶ 롬 케이블(Rome Cable) : 1,000주
매입가 $37 ($3만 7,375.00)
매도가 $31 ($3만 724.48) → 손실 : $6,650.52

▶ 제너럴 타임(General Time) : 1,000주
매입가 $47.75 ($4만 8,178.80)
매도가 $44.75 ($4만 4,434.32) → 손실 : $3,744.48

▶ 어드레서그래프 멀티그래프(Addressograph Multigraph) : 500주
매입가 $124.5 ($6만 2,507.25)
매도가 $116.5 ($5만 8,053.90) → 손실 : $4,453.35

▶ 리치홀드 케미컬(Richhold Chemicals) : 1,000주
매입가 $63.5 ($6만 3,953.50)
매도가 $61.5 ($6만 1,158.37) → 손실 : $2,795.13

▶ 브런즈윅 벌케 콜렌더(Brunswick Balke collender) : 2,000주
매입가 $55.5 ($11만 1,891.00)
매도가 $53.5 ($10만 6,443.46) → 손실 : $5,447.54

▶ 레이테온(Raytheon) : 2,000주
매입가 $60.5 ($12만 1,901.00)
매도가 $57.75 ($11만 4,823.69) → 손실 : $7,077.31

▶ 내셔널 리서치(National Research) : 2,000주
매입가 $24.5 ($4만 9,625.00)
매도가 $22 ($4만 3,501.52) → 손실 : $6,123.48

▶ 아메리칸 메탈 클라이맥스(American Metals Climax) : 4,000주
매입가 $32.875 ($13만 2,917.60)
매도가 $31.625 ($12만 5,430.47) → 손실 : $7,487.13

▶ 아메리칸 모터스(American Motors) : 3,000주
매입가 $41.25 ($12만 4,938.90)
매도가 $40 ($11만9,094.60) → 손실 : $5,844.30

▶ 몰리브데눈(Molybdenun) : 2,000주
매입가 $49.5 ($9만 9,875.00)
매도가 $47.5 ($9만 4,352.50) → 손실 : $5,522.50

▶ 샤론 스틸(Sharon Steel) : 2,000주
매입가 $48.25 ($9만 7,362.60)
매도가 $43.25 ($8만 5,877.27) → 손실 : $1만1,485.33

▶ 워너 램버트(Warner Lambert) : 1,000주
매입가 $98.5 ($9만 8,988.50)

매도가 $95.5 ($9만 5,127.09) → 손실 : $3,861.41

▶ 루켄스 스틸(Lukens Steel) : 1,000주
  매입가 $88 ($8만 8,478.00)
  매도가 $81 ($8만 640.48) → 손실 : $7,837.52

총 손실 : $9만 6,588.66

이 우울한 표를 볼 때마다 얼마나 몸서리쳐졌는지 모른다.

분명한 사실은 내가 너무 많은 정보를 받아들이고 또한 너무 많은 곳에 손을 댔다는 사실이다. 시세를 보면서도 그것이 무엇을 의미하는지 아무것도 알 수 없는 단계에 너무 빨리 도달했던 것이다. 그리고 얼마 지나지 않아 더 힘든 국면이 시작되었다. 계속되는 손실로 인해 나는 시세표의 숫자조차 이해하지 못하게 되었다. 눈으로는 하루 종일 주식시세표를 지켜보면서 그 내용을 소화해내지 못했던 것이다. 나의 정신은 흐려졌고 이러한 힘든 국면이 무척 두려웠다. 나는 술에 취해 흐느적거리는 사람과 같았고 그 이유를 알 수도 없었다.

그렇게 끔찍한 몇 주를 보낸 후, 나는 이러한 일들이 일어나게 된 원인에 대해 진지하게 생각해 보았다. 홍콩, 캘커타, 사이공 그리고 스톡홀름과 같이 월 스트리트와 멀리 떨어져서 주식운용을 할 때에는 '감'이 있었는데 정작 월 스트리트에서 반 마일도 안 되는 곳에 있는 지금은 왜 그러한 감각을 잃게 되었을까? 도대체 무슨 차이가 있단 말인가?

그 질문의 해답을 찾는 것은 쉽지 않았고 나는 상당 기간 좌절했다. 그러던 어느 날, 플라자 호텔에서 전화를 하려는 순간 갑자기 무엇인가를 깨닫게 되었다. 내가 해외에 있을 때에는 거래장에도 가지 않았고 시세표시기를 지켜보지도 않았고 다른 사람과 얘기를 하지도 않았을 뿐만 아니라 전화를 받지도 않았던 것이었다.

이것이 문제였다는 생각은 들었지만 처음엔 도무지 믿을 수 없었다. 너무나 단순하고 놀라우며 뜻밖이라서 믿을 수 없었던 것이었다. 그렇다. 나의 귀가 나의 적이었다.

내가 해외에 있을 때에는 관심이 있는 몇몇 주식을 간섭이나 루머에 시달리지 않고 감정과 자만을 배제한 채 냉정하고 중립적으로 평가할 수 있었다.

나는 매일 배달되어 오는 전보를 바탕으로 단순하게 주식을 운용했고 그러한 방법으로 주식을 바라보는 나만의 시각을 기를 수 있었으며 그러한 시각으로 주식이 어떻게 움직이는지를 알 수 있었던 것이다. 그러한 것들 외에는 따로 보고 듣는 것이 없었기 때문에 다른 영향을 받지 않았었다.

하지만 뉴욕에서는 그렇지 않았다. 간섭, 루머, 두려움 그리고 상반된 정보들과 같은 모든 잡다한 것이 귀에 들어왔다. 그 결과 주식거래에 감정이 섞이게 되었고 냉철하고 분석적인 태도를 잃게 되었다.

이러한 문제를 해결하는 방법은 단 한 가지뿐이었다. 그것은 바로 나 자신을 되찾는 것이었다. 나는 가지고 있는 모든 돈을 잃기 전에 즉시 뉴욕으로부터 멀리 떠나야만 했다.

그 시기에 내가 완전히 망하는 것을 피하게 해준 것이 하나 있는

데 그것은 유니버설 컨트롤스와 티오콜의 주가가 순조롭게 움직이고 있고 내가 그것을 내버려뒀다는 사실이다. 지금 생각해보면 그 당시에 내가 이 주식들을 그냥 둔 것은 다른 주식들을 지켜보느라 너무 바빴기 때문이었다. 나는 손실을 주기만 하는 주식들을 거래하고 있었던 것이다.

나는 그동안의 상황을 정리해 본 다음, 그 두 종목을 제외한 모든 종목의 주식을 처분했다. 그리고 파리행 비행기를 탔다. 그러나 떠나기 전에 한 가지 중대한 결정을 했다. 그것은 중개인들에게 무슨 일이 있든지 간에 어떤 종류의 정보를 주거나 전화를 하지 말라고 한 것이다. 내가 바란 것은 오로지 일일시세를 전보로 받는 것뿐이었다.

나는 멍한 상태로 파리를 방황했는데 내 머릿속에는 여전히 흐릿하고 무의미한 주식시세란이 아른거렸다. 매일 전보가 도착했지만 그 전보에서 어떤 의미도 알아낼 수 없었다. 완전히 감각을 잃어버린 것이었다. 끔찍한 사고를 당해 다시는 회복될 수 없는 사람이 된 것 같았다. 난 완전히 자신감을 잃어버렸다.

그 후 이런 상태가 영원히 지속되리라 생각했을 때 내게 무슨 일인가가 일어났다. 파리에 간 지 대략 2주일이 지난 어느 날 나는 조지 브이 호텔에서 일일시세에 관한 전보를 받아들고 훑어보고 있었는데 웬일인지 수치들이 다소 명확하게 보이는 것이었다. 처음엔 이 사실을 믿을 수가 없었다. 나는 내가 마치 전에는 그런 것들을 본 적이 없는 사람처럼 들여다보고 있다는 사실을 깨달았다. 나는 이러한 일이 그저 상상이 아닐까 두려웠다.

그리고 다음 날의 전보를 몹시 조바심 내며 기다렸다. 마침내 전보를 받아 보았을 때 이러한 회복이 상상이 아님을 알게 되었다. 숫자가 명확히 보이고 매우 친숙했다. 마치 베일이 벗겨지고 다시금 눈앞에 영상이 펼쳐지는 것 같았으며 이로 인해 주식의 미래에 대한 어떤 시각이 생기는 것 같았다.

시간이 지날수록 전보 내용은 더욱 명확히 보였으며 나는 예전처럼 시세를 읽고 분석할 수 있기 시작했다. 그리고 종목별로 강약을 분간할 수 있게 되었다. 그와 동시에 나의 '느낌'은 되돌아오기 시작했다. 병약자가 나아가는 것처럼 나의 자신감은 점차 회복되기 시작했다. 마침내 나는 시장에 다시 다가설 수 있을 만큼 충분한 용기를 되찾게 되었다.

이러한 과정 속에서 나는 한 가지 원칙을 세웠다. 다시는 중개인 사무실을 찾지 않을 것을 불변의 법칙으로 삼을 것이며, 중개인이 나에게 전화하지 못하도록 하고 오직 전보에 의해서만 주식시세를 판단하기로 한 것이다.

심지어는 내가 끔찍한 주식거래를 했던 장소인 월 스트리트 근처의 뉴욕 호텔로 돌아갔을 때조차, 이와 같은 원칙은 변하지 않을 것이었다. 나는 월 스트리트에서 멀리 떨어져 있어야 하고, 홍콩, 카라치 또는 스톡홀름에 있을 때와 마찬가지로 중개인을 통한 전보로 매일 시세를 알아야 했다.

또한 중개인들은 내가 요청한 것 외의 시세를 말해서는 안 된다. 새로운 주식에 대한 얘기는 대부분 루머이기 때문이다. 나는 예전처럼 주간 경제 신문을 읽으면서 직접 새로운 주식을 찾아내고, 관심이 가고 상승을 준비하고 있는 것처럼 보이는 주식을 찾으면 그 주식의 시세를 요청할 것이라고 결심했다. 나는 한 번에 한 종목의 시세만 요청할 것이며 예전처럼 투자할 가치가 있는지를 결정하기 전에 조심스럽게 연구하기로 했다.

비행기 사고를 당한 후에 곧바로 다시 비행기를 타지 않으면 영원히 비행기를 타기가 두려워진다는 사실을 알고 있는 사람처럼 나는 이 방법이 틀림없이 작동하도록 하는 단 하나의 방법을 알고 있었다. 나는 뉴욕으로 돌아오는 비행기에 몸을 실었다.

200만 달러를 벌다

1959년 2월 셋째 주 내가 뉴욕으로 돌아왔을 때쯤엔 정신 나간 것처럼 보냈던 과거의 충격에서 완전히 회복되었고 다시 주식투자를 시작했다.

나의 어리석음으로 인해 입은 상처를 생각하면 여전히 가슴 아팠지만 나는 나쁜 경험 뒤에 좀더 강해지고 현명해졌다. 그 와중에 내가 얻은 교훈은 나 스스로 이룩해온 시스템을 엄격히 지켜야 한다는 것이었다. 그리고 단 한 번이라도 그 시스템에서 벗어나면 낭패를 본다는 것, 즉 내 모든 재산이 쉽게 무너져버린다는 것을 알게 되었다.

뉴욕에 돌아와서 맨 처음 한 일은 다시는 전과 같은 실수를 되풀이하지 않게 철저한 보호장치를 구축하는 일이었다.

먼저 거래 경로를 여섯 명의 중개인으로 확장했는데 이것은 남들이 내 투자를 따라 하지 못하도록 하기 위해서였다. 그리고 그들에게 아무런 간섭도 받지 않도록 보호장벽을 세웠다. 이것은 내가 지금도 사용하고 있는 방법이다.

그 방법은 다음과 같다. 중개인들에게 월 스트리트의 폐장 이후에 전보를 보내게 해 그 전보가 오후 6시에 내게 도착할 수 있게 만든다. 나는 수년 동안 나이트클럽에서 공연을 하고 있었으므로 그 시간이 내가 일어나는 시간이었다. 한편, 교환에게 낮에 오는 전화는 일절 연결하지 말라고 지시했다. 이러한 방법을 사용하면 월 스트리트에서 일어나는 모든 일은 내가 잠을 자고 있을 때 일어난다. 그들이 일하는 동안 나는 자고 있으므로 그들은 나와 연락할 수도 없고 나를 괴롭힐 수도 없게 된 것이다. 만일 예측하지 못한 상황이 생기면 나의 대리인 역할을 하는 손절매 주문이 알아서 처리해 주었다.

나는 저녁 7시 일일시세를 점검하고 앞으로 거래해야 할 주식들을 결정했다. 결정하기 전에 월 스트리트 마감시세가 실린 석간신문을 샀다. 그 중 당일시세가 실린 기사 부분을 오려내고 나머지 부분은 보지 않았다. 그리고 어떠한 경제 기사나 논평도 읽지 않았다. 나를 잘못된 길로 끌고 갈 수도 있기 때문이었다.

월 스트리트가 잠든 사이에 나는 중개인들로부터 받은 전보와 신문에서 발췌한 내용으로 투자분석 작업을 했다.

손상된 나의 자신감을 치유하는 데 보낸 몇 주 동안, 내가 팔지 않았던 두 종목의 주가는 계속 상승했다. 유니버설 컨트롤스는 거의 아무런 제약 없이 60달러 근처까지 상승했다. 이것은 내가 뉴욕을 방문했을 무렵보다 40% 이상 오른 것이었다. 티오콜 역시 순조롭게 움직여서 110달러를 뛰어넘었다. 사실 이 주식들은 매우 유망한 종목이었다. 나는 이 주식들에 손을 댈 이유가 없다고 생각했다. 나는 쓰라린 경험으로 무장한 채 새롭고 강력한 보호벽으로 방어하면서 자신감을 가지고 '주식시장'에 뛰어들었다. [표 10-1]은 내 성공적인 투자운용 중 몇몇에 대한 소개다.

[표 10-1]

▶ 제너럴 타이어 앤 러버(General Tire & Rubber) : 1,000주
매입 $56 (총 $5만 6,446.00)
매도 $69.5 (총 $6만 9,151.01) → 수익 : $1만 2,705.01

▶ 켄코 인스트루먼트(Cenco Instruments) : 1,000주
매입 $19.5 (총 $1만 9,775.00)
매도 $23.5 (총 $2만 3,247.63) → 수익 : $3,472.63

▶ 아메리칸 포토카피(American Photocopy) : 500주
매입 $71.5 (총 $3만 5,980.75)
매도 $79.5 (총 $3만 9,570.92) → 수익 : $3,590.17

▶ 유니온 오일 오브 칼리프(Union Oil Of Calif) : 1,000주
매입 $46 (총 $4만 6,420.00)
매도 $50 (총 $4만 9,669.00) → 수익 : $3,249.00

▶ 폴라로이드(Polaroid) : 500주
매입 $121 (총 $6만 755.50)
매도 $127 (총 $6만 3,299.08) → 수익 : $2,543.58

▶ 브런즈윅 벌케 콜렌더(Brunswick Balke Collender) : 500주
매입 $71.25 (총 $3만 5,855.65)
매도 $77 (총 $3만 8,322.08) → 수익 : $2,466.43

▶ 벨 앤 하월(Bell & Howell) : 500주
매입 $93 (총 $4만 6,741.50)
매도 $99 (총 $4만 9,436.81) → 수익 : $2,695.31

나는 주식투자로 250만불을 벌었다

하지만 위의 사례들처럼 나의 모든 거래가 성공적이었던 것은 아니다. 내가 매수했던 많은 주식 중 다수가 내가 예견한 대로 행동하지 않아 손실을 보기도 했다. [표 10-2]는 손실을 본 몇몇 거래의 명세다.

[표 10-2]

▶ 켄코 인스트루먼트(Cenco Instruments) : 1,000주
  매입 $23 (총 $2만 3,300.00)
  매도 $22 (총 $2만 1,755.76) → 손실 : $1,544.24

▶ 리치홀드 케미컬(Richhold Chemicals) : 500주
  매입 $65 (총 $3만 2,727.50)
  매도 $63.75 (총 $3만 1,703.17) → 손실 : $1,024.33

▶ 팬스틸(Fansteel) : 1,000주
  매입 $63.5 (총 $6만 3,953.50)
  매도 $62 (총 $6만 1,657.96) → 손실 : $2,295.54

▶ 필라델피아 앤 리딩(Philadelphia & Reading) : 500주
  매입 $131 (총 $6만 5,760.50)
  매도 $129.75 (총 $6만 4,672.79) → 손실 : $1,087.71

위에 나오는 두 개의 표는 나의 투자 방식이 옳았다는 것을 입증하는 것으로, 각각의 거래에서 투자액의 비율에 따라 손실보다 수익을 더 많이 낸 것을 알 수 있다. 특히 주목할 만한 점은 이러한 모든 거래가 뉴욕 내에서의 전보 소통만으로 이루어졌다는 사실이다. 나는 중개인들과 만나거나 전화통화를 한 적이 한 번도 없었다.

장이 열리는 동안 내 주식들이 곤두박질칠 때면 중개인들은 내게 알리지 못해 안달했을 것이다. 그리고 전화를 하지 못하게 하는 조치

를 취한 나를 세상에서 가장 멍청한 사람이라고 생각했을 것이다. 그러나 나의 원칙은 엄격했다. 나는 매일 오후 6시가 되어서야 나쁜 소식들을 전보로 받았고, 그런 다음 그에 대한 대응을 하기 시작했다.

내가 뉴욕에서 이와 같은 방법으로 거래를 하며 몇 주를 보내는 사이 유니버설 컨트롤스에서 근심스러운 징후가 나타나기 시작했다. 꾸준했던 상승세를 잃고 움직임과 주가상승의 기복이 매우 심해진 것이다.

불길한 예감은 현실로 나타났다. 3월 첫째 주에 66달러에서 상승하기 시작하더니 셋째 주에는 102달러까지 올랐다. 이 수준이 바로 이 주식이 그 모멘텀을 하락 모멘텀으로 바꾸어 하락하기 시작하는 포인트였던 것이다. 나는 이러한 하락을 매우 싫어하는데, 마치 비행기가 급강하하듯 급락해 다시 반등할 기미를 보이지 않기 때문이다. 나는 이 주식의 좋은 시절이 다 지났다는 것을 의심하지 않았다.

만일 내가 더 조심스러워지지 않는다면 이러한 하락세에 동참해 큰 손실을 볼 수도 있으므로 나는 손절매 포인트를 그날 종가에서 2포인트 이내가 되도록 상향조정했다. 결국 다음 날 아침이 되자 내 유니버설 컨트롤스 주식은 86.25달러와 89.75달러로 매도되었다. 이것은 이 주식이 기록한 최고가 102달러보다 대략 12달러 낮은 가격이었다. 그러나 나는 이에 만족했다. 나는 상승세가 지속된 오랜 기간 이 주식을 보유했으며, 매도한 총 대금은 52만 4,669.97달러였으므로 40만 9,356.48의 수익을 냈기 때문이었다.

그때부터 나의 투자 자본은 매우 커졌다. 나는 활발히 움직이는 고가의 주식을 찾아 시장을 주의 깊게 살폈다. 그때 새로운 문제에 부딪쳤는데 그것은 투자할 적당한 주식을 찾기가 매우 힘들다는 것이었다. 그리고 내가 투자하는 금액이 대규모인 까닭에 나의 매수가 전체 시장에 영향을 미치지 않도록 조심해야 했다.

한참을 조사한 후 나는 이 모든 어려운 조건을 충족시키는 적당한 주식을 발견했다. 바로 텍사스 인스트루먼트였다.

나는 4월 둘째 주에 2,000주를 평균 94.375달러에 매수했고 다시 1,500주를 97.875달러에 매수했다. 그 후 이 주식이 순조롭게 움직이자 추가로 2,000주를 더 매수했다.

마지막 2,000주의 평균 매수가격은 101.875달러였다. 여러분도 아시다시피 이 거래에는 50만 달러가 넘는 매우 큰돈이 걸려 있었다. 텍사스 인스트루먼트 주식의 매수 내역은 [표 10-3]과 같다.

[표 10-3]

2,000주 평균 매입가 $94.375 → $18만 9,718.80
1,500주 평균 매입가 $97.875 → $14만 7,544.35
2,000주 평균 매입가 $101.875 → $20만 4,733.80

총 5,500주
총 매수 대금 $54만 1,996.95

유니버설 컨트롤스에서 빼낸 자금을 재투자했으므로 나는 다시 티오콜에 주의를 집중했다.

티오콜을 오랫동안 보유하고 있었기 때문에 이 주식과 나는 오랜 세월을 같이 지내온 동료이자 특별한 관계처럼 느껴졌다. 나는 항상 다른 주식보다 티오콜을 더 편애했는데 그 이유는 내가 이 주식에 대한 '감'을 가지고 있기 때문이기도 했고, 어떻게 보면 특별예약계정 제도로 많은 이익을 얻었기 때문이기도 했다.

특별예약계정과 같은 신용거래 이용을 중단한다는 것은 정말 어리석은 일이라고 생각한다. 그러므로 나는 이 주식의 손절매 포인트를 상당히 낮게 잡았다. 다른 주식이었다면 이러한 방법을 결코 적용하지 않았을 것이지만 티오콜의 경우에는 이와 같이 낮은 손절매 포인트 덕분에 두 번이나 자동 매각이 될 뻔한 위기를 넘겼다. 나는 그것을 팔아서 두 배의 이익을 얻었다.

4월 첫째 주 나는 두 번째 위기를 맞게 되었는데 3대 1의 주식분할이 발표되자 그에 대한 반작용으로 주가가 급락하기 시작한 것이다. 급락의 기세가 너무나 거세어 이 주식을 팔아버릴 뻔했지만 나는 손절매 포인트까지 내버려두고 기다리기로 했다.

결국 주가는 손절매 포인트를 건드리지 않고 다시 강력한 상승세로 이어졌다. 그러나 티오콜을 좋아하는 사람은 나만이 아니었다. 이 신규 분할 주식은 수많은 매수세에 힘입어 5월 첫째 주에 72달러까지 급상승했다. 이 매수세는 엄청나서 주간 거래량이 54만 9,400주나 되었으며 주당 13.25포인트가 상승했다. 총 거래대금은 4,000만 달러였으며 주간 주가 차액은 700만 달러나 되었다.

이것은 뉴욕 증권거래소의 모든 투자자가 한 주 내내 티오콜 주식만을 사고판 것처럼 엄청난 수치였다.

물론 이러한 상황이 오래 지속될 수는 없었다. 뉴욕 증권거래소는 이 주식의 모든 거래를 중단시켰다. 이러한 조치로 인해 대다수의 투자자가 이 주식에서 손을 뗐다. 매매가 불가능하기 때문에 투자자금에 대한 위험을 회피할 방어장치가 없었던 것이었다. 나 또한 자동적으로 그 주식에서 손을 떼게 되었다. 내가 가진 가장 강력한 무기가 없어졌으므로 더 이상 투자한다는 것은 의미 없는 일이었다.

나는 내가 보유한 티오콜 주식을 평균 68달러에 전량 매도했다. 3대 1의 감자 이래로 원래 매입한 6,000주 각각에서 200달러 이상의 수익을 낸 것이다. 여기에 든 비용은 총 35만 820달러로 분할된 신주 1만 8,000주를 매각한 대금 121만 2,851.52달러와 비교하니 내가 낸 수익은 86만 2,031.52달러에 달했다.

투자자금이 100만 달러가 되어가자 큰돈을 투자하는 데 수많은 문제점이 따랐다. 나는 두 배로 조심해야만 했다. 내 거래가 시장에 영향을 미칠 만큼 큰 규모였기 때문에 쉽게 다른 주식으로 투자를 전환할 수 없었던 것이다.

또한 나의 손절매 기법도 더 이상 통용되지 않게 되었는데 그것은 어떤 투자자나 전문가들도 이처럼 막대한 양의 주식을 순식간에 사들이지 못하기 때문이었다.

그러나 이처럼 막대한 자금을 전부 투자할 수 있는 방법이 한 가지 있었다. 나는 자금을 두 부분으로 나누기로 했다. 일단 자금을 나누기로 하자 종목을 선택하는 일이 상대적으로 쉬워졌다. 나는 제니스 라디오(Zenith Radio), 리튼 인더스트리(Litton Industries), 페어차일드 카메라(Fairchild Camera) 그리고 벡맨 인스트루먼트(Beckman Instruments) 네 종목 중에서 투자대상을 정하기로 마음먹었다.

나는 이 주식들을 오랫동안 지켜보아 왔다. 이것들은 모두 내 '기술적 원칙주의자 이론'에 부합하는 종목들이었다. 이제 남은 일은 이 네 종목 중 두 종목을 선택하는 일이었다. 선택의 기준은 어떤 주식이 시장에서 힘을 가지느냐 하는 것이었다.

유니버설 컨트롤스와 티오콜을 성공적으로 운용해왔던 기술을 이용해서 나는 1959년 5월 13일에 [표 10-4]의 네 종목 주식들을 시험 매수하기로 작정했다.

[표 10-4]

제니스 라디오	500주	매입가	$104 (총 $5만 2,247)
페어차일드 카메라	500주	매입가	$128 (총 $6만 4,259)
벡맨 인스트루먼트	500주	매입가	$66 (총 $3만 3,228)
리튼 인더스트리	500주	매입가	$112 (총 $5만 6,251)

나는 각각의 주식에 대해 매입가보다 10% 아래의 가격을 손절매 포인트로 설정했다.

나는 이러한 손절매 설정이 모호하고 매우 기계적이라는 사실을 잘 알고 있었다. 그것은 비록 어색하긴 하지만 계획적인 방법이었다. 난 조만간 네 종목 중 가장 약세를 보이는 종목을 배제할 것이었기에 이 시스템을 의도적으로 사용한 것이었다.

5월 18일이 되자 벡맨 인스트루먼트의 주가가 손절매 포인트인 60달러까지 하락해 전량 매도되었고, 5월 19일에는 다른 주식들보다 움직임이 나쁜 리튼 인더스트리 주식을 106.25달러에 매도하기로 했다. 그리고 나머지 두 종목의 손절매 포인트를 조정했다.

내가 나머지 두 종목에 100만 달러 이상을 투자한 것은 5월 넷째 주였다. [표 10-5]는 당시 나의 매수내역이다.

[표 10-5]			
▶ 제니스 라디오			
500주	매입가	$104	총 $5만 2,247.00
1,500주	매입가	$99.75	총 $15만 359.70
1,000주	매입가	$104	총 $10만 4,494.00
1,000주	매입가	$105.25	총 $10만 5,745.30
1,500주	매입가	$107.5	총 $16만 1,996.25
		총 5,500주	총 $57만 4,842.25
▶ 페어차일드 카메라			
500주	매입가	$128	총 $6만 4,259.00
1,000주	매입가	$123.25	총 $12만 3,763.30
1,000주	매입가	$125	총 $12만 5,515.00
1,000주	매입가	$126.25	총 $12만 6,766.30
1,000주	매입가	$127	총 $12만 7,517.00
		총 4,500주	총 $56만 7,820.60

그리고 단기 거래를 줄여가며 [표 10-6]과 같이 투자 대상을 전환했다.

이때 나는 여섯 명의 중개인을 통해 거래하고 있었는데 그 중 세 명과는 거래를 끊었다. 그리고 내가 보유한 주식들을 가만히 지켜보았다. 텍사스 인스트루먼트, 제니스 라디오 그리고 페어차일드 카메라가 순조롭게 상승하는 동안 나는 아무것도 하지 않고 그저 지켜보고만 있었다.

[표 10-6]

▶ 1959년 3~4월
　유니버설 컨트롤스 매도　　　　　　$52만 4,670
　텍사스 인스트루먼트 매수　　　　　$54만 1,997

▶ 1959년 5월
　티오콜 화학 매도　　　　　　　　$121만 2,850
　제니스 라디오 매수　　　　　　　 $57만 4,842
　페어차일드 카메라 매수　　　　　 $56만 7,821
　　　　　　　　　　　총 회수액　$173만 7,520
　　　　　　　　　　　신용부채　 $27만 4,600
　　　　　　　　　　　　　　　　$146만 2,920

• 기존 투자 수익 중 이용 가능 현금　　$7만
• 재투자 이용 가능액　　　　　　　$153만 2,920
• (증거금률 90%) 총 투자액　　　　$168만 4,660

6월 내내 주식시세를 알리는 전보가 계속해서 월 스트리트와 플라자 호텔 사이를 왕래했다. 물론 이러한 전보들은 전보담당자에게는 아무런 의미가 없는 것이지만 나에게는 커다란 의미를 지니고 있는 것들이었다. 예를 들어 6월 9일에 나는 다음과 같은 전보를 받았다.

Z 122.5 (124-116.75)　　T 119.25 (121.5-117.25)　　F 125(126-121)

다음 날에는 또 다음과 같은 전보가 왔다.

Z 132.375 (132.5-125)　　T 123.75 (123.875-120.375)　　F 130 (130-126.5)

이 전보에 기록된 내용은 내가 보유한 주식의 주가가 하루 만에 10만 달러나 올랐다는 것이었다.

이때부터 이상한 일이 벌어졌다. 나는 매일 밤 플라자 호텔에서 전보를 읽고 정리했다. 더 이상 내가 할 수 있는 일이 없었던 것이다. 나는 기쁘고 들떠 있었지만 한편으로는 힘이 빠졌다. 이러한 기분은 마치 몇 년 동안의 연구 끝에 달에 로켓을 쏘아 올린 과학자들이 그 로켓이 점점 더 높이 올라가는 것을 보며 크나큰 승리감을 느끼면서도 동시에 허탈감을 느끼는 것과 같았다.

나는 내가 보유한 주식이 잘 만들어진 미사일처럼 끊임없이 오르는 동안 로켓을 만든 과학자처럼 그저 밤을 새워가며 지켜보기만 했다. 그러던 7월 초의 어느 날, 나는 몬테카를로의 스포팅클럽에서 공연해 달라는 부탁을 받았다. 나는 이 초청을 매우 기쁘게 수락했다. 한참 동안을 주식 때문에 바쁘게 지내며 쉬고 있다 보니 약간 지루한 느낌이 들었기 때문이다.

뉴욕을 떠나기 전에 중개인들을 만나서 당시 계좌 현황을 점검했는데 그들은 내가 유럽에 가기 전에 지금 보유한 주식을 전량 매도한다면 225만 달러 이상 회수할 수 있을 거라고 했다.

이 소식을 들은 내 기분이 어떠했을까? 나는 이때 의기양양한 건지 아니면 백만장자보다 곱절이나 부자가 되었다는 생각에 흥분한 건지 정확히 알 수 없었다. 확실한 것은 기뻤지만 흥분되지는 않았다는 사실이다. 사실 내가 가장 흥분했을 때는 다이너스 클럽에서 1만 달러를 벌었을 때였다. 당시에는 나 스스로가 강한 훈련을 마친 후 수많은 실패를 극복하고 결국에는 우승한 운동선수처럼 느껴졌다.

나는 예전에 내가 겪었던 딜레마에 또다시 직면하게 되었다. 그것은 주식을 매도해서 수익을 실현해야 하는가 하는 문제였다.

그러나 이번에는 해답을 찾기가 쉬웠다. 그 해답은 내 오랜 경험에서 얻어진 신뢰할 만한 것으로 오르고 있는 주식을 팔 이유가 없다는 것이었다. 나는 그저 주가의 흐름에 따라 손절매 포인트만 조절하면서 천천히 기다리기만 하면 되는 것이다. 만일 주식의 추세가 좋으면 추가 매수를 하고 추세가 나쁘면 얼른 매도해버리면 그만이었다.

나는 내 모든 주식에 새로운 손절매 포인트를 설정해 내가 유럽에 있는 동안 주가가 하락하면 자동 매도되어 최소한 200만 달러를 회수할 수 있도록 조치했다.

중개인과 헤어져 돌아오면서 나는 만족감과 안정감을 느꼈다.

그리고 플라자 호텔 로비를 걸어 들어가며 자동적으로 석간신문을 사서 월 스트리트 마감시세를 오려내고 나머지는 버린 다음 매일 6시에 도착하는 전보를 찾아서 엘리베이터를 타고 올라갔다.

그리고 방에 도착해서 전보를 펼쳐보고 신문 조각을 늘어놓은 채 행복한 한숨을 내쉬었다. 나는 200만 달러를 벌었기 때문이 아니라 내가 가장 좋아하는 일을 하고 있기 때문에 행복했던 것이다.

그리고는 나는 월 스트리트가 잠들어 있는 그때 투자전략을 만들고 있었다.

부록

《타임》 지와의
인터뷰

1959년 5월, 스미스 형제에게서 브리런드라는 캐나다 주식을 받은 지 6년 6개월이 흘렀다. 당시 나의 주식거래 성과가 여러 사람들의 입에 오르내렸고 나의 성공 소식은 점차 널리 퍼져나가고 있었다.

그러던 어느 날 놀랍게도 《타임 Time》 지의 경제부 기자에게 전화가 왔다. 증권가에서 나의 성공 소식을 들었는데 인터뷰를 해도 괜찮겠냐는 것이었다.

다음 날 그를 만나 나는 내가 성공한 방법에 대한 모든 것을 그에게 말해줬다. 그리고는 통장, 대차표 그리고 전보들을 보여주었다. 그는 이러한 것들을 주의 깊게 살펴보더니 내 얘기가 인상적이라고 말하고 돌아갔다.

그런데 다음 날 그가 다시 와서 하는 말이 자기 회사의 주식전문가들이 내 이야기에 대해서 매우 회의적인 반응을 보였고 아마도 사실이 아닐 수도 있다고 했다는 것이었다.

나는 그의 말이 별로 놀랍지 않았다. 그래서 다시 한번 모든 사실과 수치들을 검토해 보라고 말했다. 그는 그 자료들을 여러 시간 연구한 뒤 돌아갔는데 그의 모습을 보니 이제는 그 모든 자료가 정확하다는 것을 확신하는 것 같았다.

그러나 그것은 시작에 불과했다. 다음 날 아침 그에게서 점심 시간에 만나자는 전화가 왔고 약속 시간 30분 전에 그는 다시 전화를 걸어 편집국 상사와 같이 온다고 했다. 그 상사는 직접 자신이 내 얘기를 점검해 보고 싶었던 것이다.

그들은 오후 1시에 도착했다. 나는 다시 한 번 내 성공담을 상세한 부분까지 모두 이야기해 주었다. 편집국 상사라는 사람은 내 이야기에 매우 큰 관심을 가져 음식에는 아예 손도 대지 않았다.

오후 4시, 그는 내 이야기를 모두 듣고 나서 샌드위치를 먹었다. 그러고는 5시가 되자 기자와 함께 돌아갔다. 그는 아무 말도 하지 않았지만 분명히 감동을 받은 것 같았다. 여태껏 그렇게 큰 관심을 보인 사람은 보지 못했을 정도로 내 얘기에 귀를 기울였던 것이다.

그날 저녁 6시가 되자 또 한통의 전화가 걸려왔다. 이번에는 《타임》지의 월 스트리트 전문가라는 사람에게서 온 전화였다. 그는 편집국장이 《타임》지의 전문가 세 명이 나를 만나 모든 사실을 검토하지 않으면 기사를 싣지 못하도록 했다면서 놀랍게도 내 공연을 보고 싶다고 말했다.

편집국장은 주식시장에서의 내 성공뿐 아니라 무용가로서의 내

나는 주식투자로 250만불을 벌었다

역량도 거짓이라고 생각하는 것이 분명했다.

그 전문가는 오후 7시에 도착했다. 처음에 그는 내 이야기와 모든 증거를 믿을 수 없다는 듯이 고개를 갸웃거렸다. 그는 아무것도 믿을 수 없다고 생각하는 것 같았다.

줄리아와 내가 무대에 올라가서 공연을 할 때 그는 우리의 춤이 굉장한 무엇이라도 되는 양 큰 감동을 받은 것 같았다. 3일에 걸친 심문을 받으면서 나는 약간 지쳐 있었다. 그러한 탓에 공연이 끝나갈 무렵 줄리아와 격렬한 리프트 동작을 하다가 그만 오른쪽 팔 근육이 크게 손상되고 말았다. 나는 간신히 공연을 마쳤다.

어쨌든 나는 팔이 아픈 가운데에서도 계속해서 월 스트리트 전문가 앞에 앉아서 꼼꼼한 심문을 받았다.

심문은 몇 시간이나 계속되었다. 그는 마지막으로 왜 거리낌 없이 자신의 주식거래 양태를 남들에게 말해주느냐고 질문했다.

나는 내가 할 수 있었던 일이 자랑스럽기 때문이라고 말했다. 나는 아무것도 숨길 필요가 없다고 생각했다.

자정이 지나도록 심문관은 몇 시간째 물 한 모금 마시지 않았다. 그는 나의 시스템과 기록에서 어떤 흠을 발견하기 위해 정신을 맑게 하는 것이라고 솔직히 말했다.

새벽 2시가 되자 마침내 그는 볼펜을 내려놓고 "한잔 하시죠!"라고 했다. 그의 의심이 말끔히 가신 것이었다. 이제 그는 나의 성공이 사실이라고 완전히 인정했고 잔을 들어 내 성공을 축하했다.

그는 그날 새벽 4시에 돌아갔다. 그리고 떠나기 전에 나에게 주식에 대한 조언을 구했다. 물론 나는 조언을 해주었는데 그가 사려 하는 주식의 주가가 39.75달러로 상승하는 경우에만 매수할 것이며 손절매 포인트는 38.5달러로 해야 한다고 말해주었다. 나는 그가 이 조언에 따라 행동했는지는 잘 모르겠지만 내 조언대로 했다면 좋았을 것이라 생각했다. 왜냐하면 나중에 보니 그 주식은 39.75달러를 돌파하지 못하고 갑자기 22달러로 떨어졌었기 때문이다.

다음 주 《타임》지에 기사가 실렸다. 물론 큰 반향을 불러일으켰으며, 특히 재계에서는 더 했다. 그 결과 나는 많은 투자 전문가에게 비록 정통은 아니더라도 크게 성공한 주식투자자로 인정받게 되었다. 그리하여 이 책이 탄생하게 되었다.

이 기사가 가져온 또 한 가지의 결과는 내게 심한 근육통이 생겼다는 것이었다. 의사는 내게 공연을 그만두는 것이 좋겠다고 하면서 파트너를 드는 리프트 동작을 다시 할 수 있을지도 확언할 수 없다고 말했다.

하지만 2주일 후, 난 평상시처럼 무대에 섰다. 나는 의료 전문가들도 월 스트리트 전문가들처럼 때때로 실수를 한다는 것을 증명이라도 하는 듯 전과 같이 춤을 추었다.

전보를 이용한 매매

다비스는 2년간의 세계 댄스 투어 때문에 월 스트리트와 연락하는 방법으로 국제전신에만 의존할 수밖에 없었다. 이러한 방법에는 많은 고충이 따랐으나 종국에는 그가 주식시장에서 성공할 수 있도록 해준 투자기법의 중요한 요소 중 하나로 드러났다.

다음은 어떻게 그가 세계 각지에서 주식운용을 할 수 있었는지를 보여주는 실제 전보의 사본들이다. 여기에는 이러한 거래의 다양한 측면들을 보여주는 전형적인 사례들이 있다.

다비스는 시세를 조회하고 싶은 종목을 증권중개인에게 알려주기 위해 그 주식의 이름 전체를 적지 않고 머릿글자만 적었다. 그런데 이러한 메시지들이 무슨 코드 같아 보이는 탓에 전신국 직원들과 많은 마찰이 있었다.

[그림 1]

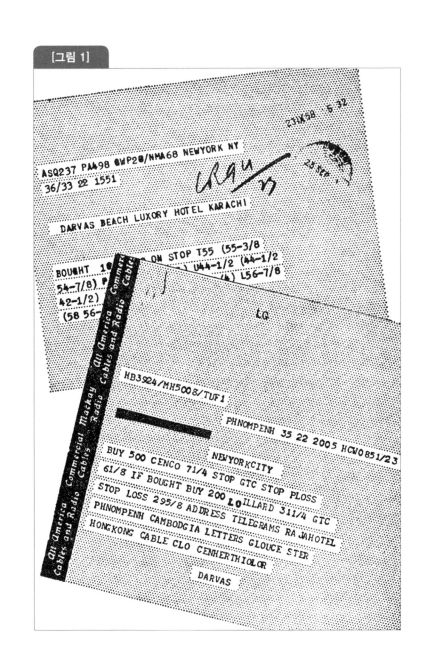

[그림 1]은 다비스가 파키스탄의 카라치에서 받은 것으로 온스톱 매수주문이 체결되었다는 사실을 알려주는 전보다. 동시에 다비스가 관심을 가졌던 다른 주식들(티오콜 화학, 폴라로이드, 유니버설 컨트롤스 및 리튼 인더스트리)의 종가, 고가, 및 저가가 나열되어 있다.

다비스가 매도주문을 낼 때는 주식의 전체 이름을 적어 보냈다. 아래쪽의 전보는 인도차이나의 프놈펜에서 켄코 인스트루먼트 주식 500주를 7.25달러에, 로릴라드 주식 200주를 31.25달러에 매도하는 온스톱 주문을 지시한 것이다. 이 주문은 특별히 취소하지 않는 동안은 그 효력이 그대로 유지된다. 두 가지 경우 모두 자동으로 손절매(각각 6.125달러와 29.625달러) 옵션을 포함했는데 이것은 그의 습관이다. 또한 중개인에게 다음번에 전보를 보낼 주소를 보내주고 켄코, 허츠, 티오콜 및 로릴라드의 그날 종가를 요청했다.

[그림 2]

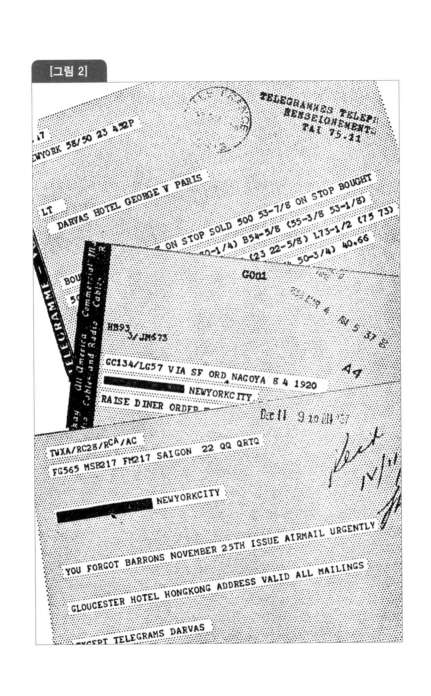

나는 주식투자로 250만불을 벌었다

다비스는 모든 매수주문에 수반되는 자동 손절매 옵션으로 인해 하루에도 몇 번씩 주식을 사고팔고 했다. [그림 2] 맨 위의 전보는 파리에서 받은 것으로 주식 500주가 매수되었고 그 후에 그가 정한 손절매 포인트인 53.875달러로 주가가 하락하자 매도되었다는 것을 알려주고 있다. 또한 이 전보에는 또 하나의 매수 계약이 체결되었다는 내용과 보잉, 리튼 인더스트리 및 다른 여러 종목의 그날 시세가 적혀 있다. 맨 마지막 숫자는 그날의 다우존스 평균 지수를 간략히 보여주는 것이다.

다비스는 그의 일일시세 조회를 자료로 분석해 끊임없이 변경이나 취소 주문을 내었다. 중앙의 전보는 일본의 나고야에서 보낸 것으로 얼마 전에 낸 다이너스 클럽의 매수주문 수량을 늘려달라고 중개인에게 지시한 것이다. 나중에 그는 이 특별 주문을 모두 취소했다.

이와 같은 일일 전신 이외에 다비스가 월 스트리트에 관해 접할 수 있었던 것은 매주 출판되자마자 배달되어 오는 《배런스》지뿐이었다. 맨 아래쪽의 전보는 인도차이나의 사이공에서 보낸 것으로 그가 《배런스》지의 정기 구독에 얼마나 의지하고 있었는지를 보여준다.

[그림 3]

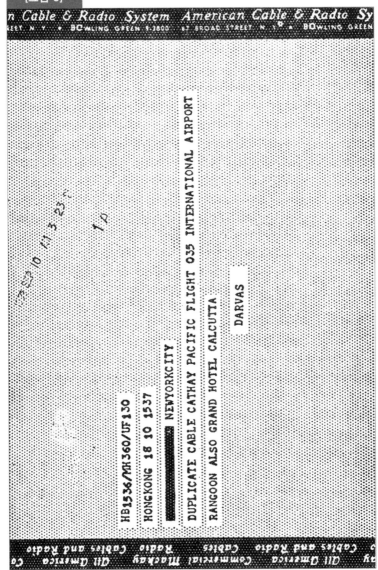

다비스는 비행기를 갈아타는 도중에 전보를 받지 못할 수도 있다는 사실에 대해 항상 우려하고 있었다. 그러나 이러한 문제는 중개인에게 전보의 복사본을 환승할 공항과 도착할 호텔에 보내게 함으로써 해결되었다.

[그림 4]

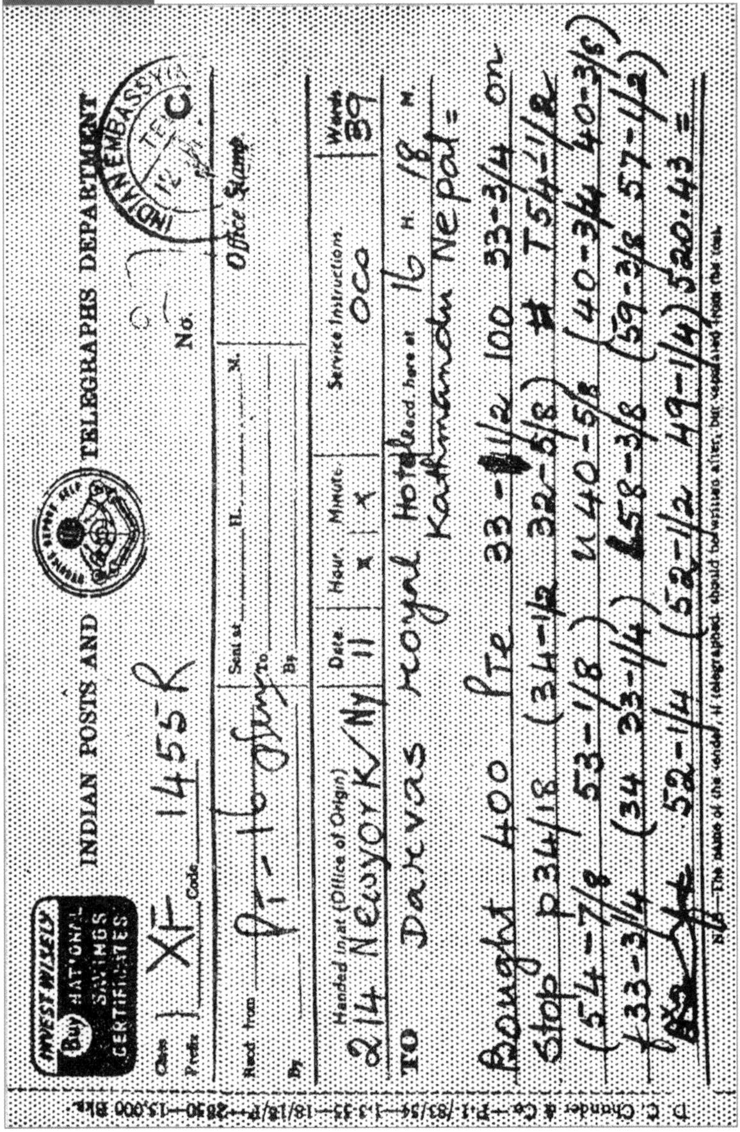
INDIAN POSTS AND TELEGRAPHS DEPARTMENT
INVEST WISELY Buy NATIONAL SAVINGS CERTIFICATES
Class
Prefix XF Code 1455R No.
Recd from
Sent at H. M.
Handed in at (Office of Origin) 214 NEWYORK/NY
Date 11 Hour x Minute x
Service Instruction OCO
Words 39
Office Stamp
TO Darvas Royal Hotel Kathmandu Nepal =
Bought 400 PTE 33-1/2 100 33-3/4 on
Stop P34-1/8 (34-1/2 32-5/8) # T54-1/8
(54-7/8 53-1/8) U40-5/8 (40-3/4 40-3/8)
E33-3/4 (34 33-1/4) L58-3/8 (59-3/8 57-1/2)
BX 52-1/4 (52-1/2 49-1/4) 520.43 =
N.B.—The name of the sender, if telegraphed, should be written after, but separated from the text.

온스톱 매수주문에서 매수하고자 하는 주식 전량을 항상 한 가격으로 매수할 수는 없다. 시장 상황에 따라 지정된 매수 가격에서 체결되기도 하고 그 이상에서 체결되기도 한다.

네팔의 카트만두에서 받은 이 전보를 보면, 다비스가 낸 파멜리 운송(Parmelee Transportation)에 대한 500주 매수주문이 400주는 34.5달러, 나머지 100주는 33.75달러라는 두 개의 가격으로 체결된 것을 알 수 있다. 이 주식의 종가는 34.125달러였으며 일간 변동 범위는 34.5달러에서 32.625달러였다.

다비스의 말에 의하면 [그림 4]의 전보는 인도 대사관에서 받은 수기로 기록된 전보 중 가장 알아보기 쉬웠던 것이라고 한다. 사실 그곳에서는 인도대사관 외에는 외부 세계와 연락할 수 있는 다른 창구가 없었다. 이 전보에는 파멜리 운송, 티오콜 화학, 유니버설 컨트롤스, 페어차일드 카메라 그리고 리튼 인더스트리의 그날 시세가 매우 명확히 기재되어 있다. 마지막 주식은 다비스가 지금 보아도 무엇을 의미하는지 알 수가 없다고 한다. 물론 그 당시에는 무슨 뜻인지 반드시 알아야 했을 것이다.

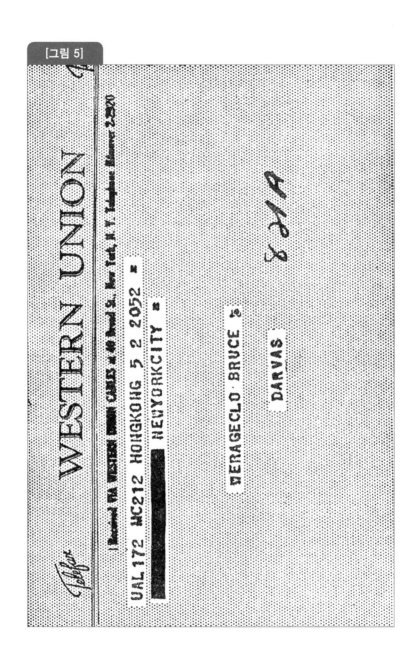

[그림 5]

　　　　　　　　　　　　나는 주식투자로 250만불을 벌었다

다비스는 처음에는 《배런스》지에 기록된 주식의 움직임을 기초로 해 특정 주식들에 관심을 가졌다. 그로서는 출판된 지 며칠이 지나서야 이 잡지를 받아볼 수 있었으므로 주식의 최신 동향을 알려주는 전보를 통해 그 주식의 움직임을 알 수밖에 없었다.

그가 한 작은 회사의 비례적인 거래량을 처음으로 주목하기 시작한 것은 홍콩에서였다. 그리고 그곳에서 그는 '이 엘 브루스의 이번 주 고가와 저가 및 종가'를 요청하는 [그림 5]의 전보를 보냈다. 순전히 기술적 분석에 입각한 이 주식에의 투자로 그는 거의 30만 달러나 되는 이익을 거둘 수 있었다.

[그림 6]

나는 주식투자로 250만불을 벌었다

일단 어떤 주식의 일일시세가 자신의 이론에 맞게 움직이고 있으면 그는 그 주식을 시험적으로 소량 매수했다. 이렇게 실제로 주식을 보유하는 경우는 그가 그 주식의 움직임에 대한 '감'을 가질 수 있을 때였다. 그의 증권중개인이 다비스의 모든 온스톱 주문을 다루도록 되어 있으므로 그는 때때로 시험적인 매수를 하기 위한 '일일 주문'만을 내기도 했다.

그가 뉴델리에서 보낸 티오콜 화학의 주식을 47.25달러에 200주 매수하라는 [그림 6]의 몇 마디 말은 거의 100만 달러에 달하는 가치가 있었다. 이 시험적인 매수로 인해 다비스는 결국 한 주식에서 100만 달러가 넘는 수익을 거둘 때까지 보유하다가 매도할 수 있게 되었다.

그리고 다비스는 이 전보에서 유니버설 프로덕트의 주문량을 더 올릴 기회를 잡았으나 곧 취소했는데 그것은 시기가 무르익지 않았다는 느낌이 들었기 때문이었다. 그는 실제로 그 후 4주 동안 이 주식 3,000주를 매수했다.

마지막 문구는 이스턴 스테인레스 스틸의 지난 주 고가와 저가를 알려달라고 하는 내용이다.

[그림 7]

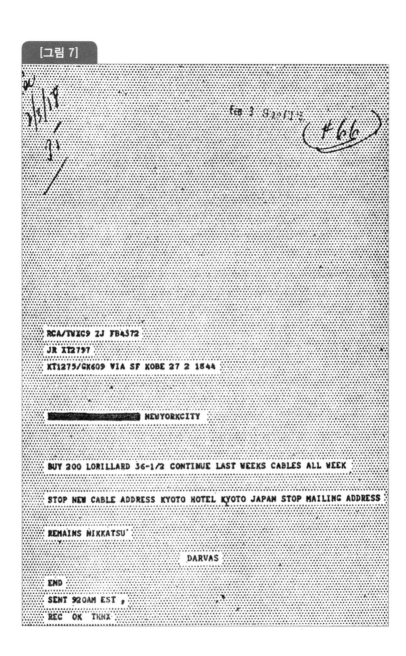

RCA/TWXC9 ZJ FB4572

JR XT2797

KT1275/GK609 VIA SF KOBE 27 2 1844

▮▮▮▮▮▮▮▮▮▮▮ NEWYORKCITY

BUY 200 LORILLARD 36-1/2 CONTINUE LAST WEEKS CABLES ALL WEEK

STOP NEW CABLE ADDRESS KYOTO HOTEL KYOTO JAPAN STOP MAILING ADDRESS

REMAINS NIKKATSU

DARVAS

END

SENT 920AM EST ,

REC OK THNX

다비스는 시험 매수를 한 후, 그가 찾는 주가 패턴이 꾸준히 지속될 때 추가 매수를 했다.

[그림 7]의 이 전보에는 다비스가 일본의 고베에서 로릴라드의 주식을 추가로 200주 매수하라고 한 지시가 적혀 있다. 이 주문은 그 후 18개월 동안에 200만 달러 이상으로 불어난 투자 피라미드의 초석이 되었다.

[그림 8]

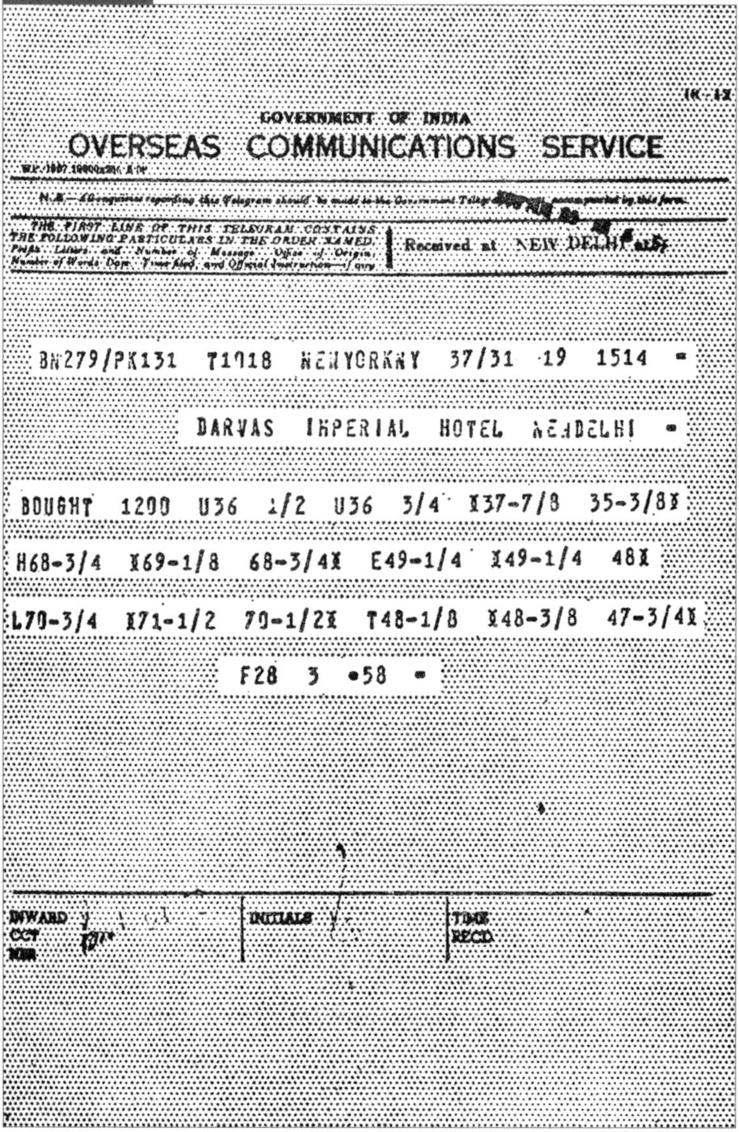

GOVERNMENT OF INDIA

OVERSEAS COMMUNICATIONS SERVICE

THE FIRST LINE OF THIS TELEGRAM CONTAINS THE FOLLOWING PARTICULARS IN THE ORDER NAMED

Received at NEW DELHI

BN279/PK131 T1018 NEWYORKNY 37/31 19 1514 =

DARVAS IMPERIAL HOTEL NEWDELHI =

BOUGHT 1200 U36 1/2 U36 3/4 X37-7/8 35-3/8X

H68-3/4 X69-1/8 68-3/4X E49-1/4 X49-1/4 48X

L70-3/4 X71-1/2 70-1/2X T48-1/8 X48-3/8 47-3/4X

F28 3 •58 =

INWARD CCT

INITIALS

TIME RECD.

자본금이 늘어나자 다비스가 한 종목에 투자하는 금액 역시 늘어났다. 물론 이러한 투자는 확신이 드는 종목에 한해서 이루어졌다. 다비스는 유니버설 프로덕트의 주식을 35.25달러에 300주를 시험 매수한 후, 무명이었던 이 주식의 지속적인 움직임이 자신의 예상대로 진행되자 1,200주를 추가 매수했다.

[그림 8]의 전보는 그의 온스톱 주문이 지정가인 36.5달러로 체결되었다는 사실과 유니버설 그날 고가, 저가 및 종가를 알려주고 있다.

그리고 이 전보에는 휴먼 오일(Human Oil), 이스턴 스테인레스 스틸, 리튼 인더스트리, 티오콜 화학 그리고 페어차일드 카메라의 시세가 적혀 있다. 맨 아랫줄의 주식은 페어차일드의 시세가 128달러라는 뜻이며 3.58은 다우존스 평균지수가 503.58이라는 것을 나타낸다.

[그림 9]

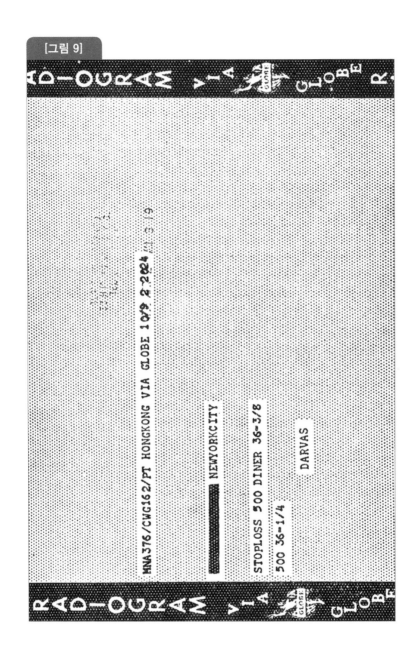

다비스는 매우 조심스러워서 어떤 주식에 투자하면 항상 그 뒤에 손절매 주문을 걸어놓았다. 주가와 그의 손절매 포인트와의 관계는 매우 유기적인 것으로, 그렇게 한 까닭은 이것이 많은 변동 요인에 의존하고 있기 때문이다.

1958년 4월 초에 그는 홍콩에 있었는데, 이때 그는 다이너스 클럽의 주가 움직임에 속상해하고 있었다. 당시 그 주식의 가격은 꾸준히 상승하고 있었다.

[그림 9]의 전보를 보면 그가 주가와 매우 근접한 위치에 손절매 주문을 낸 것을 알 수 있다. 이러한 손절매 주문은 이 주식이 갑작스럽고 급격한 하향세로 돌아설 때가 오더라도 상상한 수익을 확보하고 주식을 전량 매도할 수 있게 해준다.

주요 주식에 대한 주간 가격 및 거래량

이제부터는 니콜라스 다비스에게 200만 달러를 안겨준 주요 주식들에 대한 주간 가격 및 거래량을 특별히 비교한 차트들을 보여줄 것이다.

이 차트들은 ARC(American Research Council)가 제공한 것이다. 다비스가 이러한 거금을 축적한 기간은 18개월이 약간 넘지만, 여기서는 그러한 주식들을 보유하고 있는 시기는 물론 그 이전과 이후의 움직임들을 보여주기 위해 1957년부터 1959년까지 3년 동안의 기록을 포함시켰다.

그리고 편집자 주석은 다비스가 각각의 종목을 선택한 이유, 매수 타이밍 그리고 손절매 기능의 사용을 본문 중에 설명된 그의 기술적 펀더멘털리스트 이론에 입각해 부각시킨다.

나는 주식투자로 250만불을 벌었다

차트는 독자가 다비스의 거래가 일어난 순서에 따라 쉽게 볼 수 있도록 본문 중에 논의된 주식 순서대로 배열되어 있다.

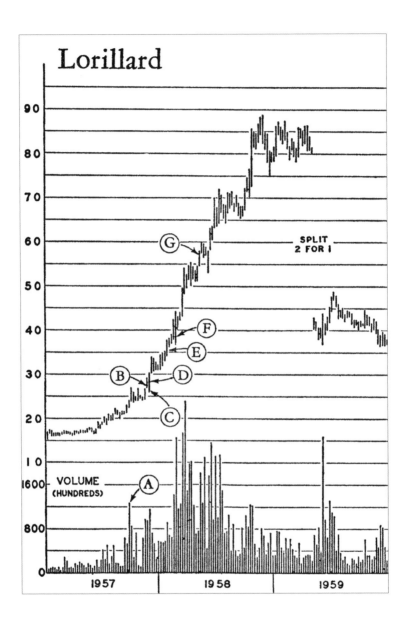

나는 주식투자로 250만불을 벌었다

로릴라드

다비스는 그가 "침체의 수렁에서 봉화처럼 피어오르기 시작한다"라고 말한 시점인 A점에서 거래량이 갑작스럽게 증가하는 것을 관측하자 중개인에게 이 주식의 일일시세를 보내달라고 요청했다.

그가 처음으로 로릴라드 주를 매수한 것은 27.5달러에 200주였고 이때의 손절매 포인트는 매입가에 아주 가까운 26달러였다. 며칠 후 주가가 갑자기 급락해 C점이 되자 이 손절매 포인트에 도달하게 되었고 전량 자동으로 매도되었다.

그러다가 곧바로 주가가 상승하자 다비스는 자신의 처음 판단이 옳았다고 확신했고 다시 28.75달러에 200주를 매수했다(D점).

'박스'가 위로 쌓여갔으므로 다비스는 추가로 35달러와 36.5달러에 400주를 매수했다(E점). 그 후 이 주식은 새로운 고가인 44.375달러로 빠르게 상승했다.

2월 18일에 주가가 갑자기 36.75달러로 하락하자 그는 두려운 마음에 손절매 포인트를 36달러로 올려 잡았다. 그런데 주가는 이 손절매 포인트까지 하락하지 않고 곧바로 모멘텀을 얻었으므로 그는 마지막으로 38.625달러에 400주를 매수했다(F점).

로릴라드가 계속해서 폭등하며 거래량이 증가하자 다비스는 단기 수익을 실현하고자 하는 유혹에 빠졌으나 그는 자신의 이론의 기본 원칙 중 하나인 '오르는 주식을 팔 이유가 없다'라는 원칙을 고수했고 손절매 포인트를 적당한 간격으로 상향 조정했다.

매우 근접한 손절매 포인트를 유지하여 6월에 53.375달러로 주가가 갑자기 하락했을 때 전량 매도할 가능성이 있었던 것을 제외한다면, 다비스는 연말에 80달러 대에 진입할 때까지 쉽게 로릴라드 주식을 보유할 수 있었다.

그러나 그는 5월에 다른 주식의 움직임에 큰 관심을 두게 되었고, 가능한 모든 자금을 동원할 필요가 있다고 생각했으므로 5월 초에 그의 보유 주식 1,000주를 57.375달러에 매도했는데(G점) 이때의 총 수익은 2만 1,000달러였다. 그는 이제 이엘 브루스 주식에 투자할 준비가 되었다.

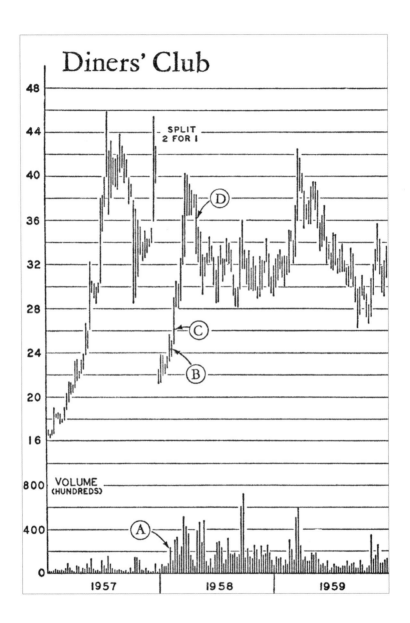

Diners' Club

SPLIT
2 FOR I

D

C

B

VOLUME
(HUNDREDS)

A

1957   1958   1959

다이너스 클럽

이 주식은 1957년 전반기에 상승 패턴을 보여주었지만 이 상승은 거래량의 상승을 수반하지 못했다. 다비스가 이 주식에 크게 관심을 가지기 시작한 것은 2대 1의 주식분할을 한 후에 거래량이 급격한 증가를 보인 A점에서였다. 그는 이 회사가 수익력에서 명확한 상승추세를 가진 새로운 영역의 초기 사업자라는 것을 알았다.

이렇게 '원칙주의적'인 조건을 충족시키는 것이 마음에 들었던 그는 24.5달러에 500주를 매수했다(B점). 그리고 며칠 가지 않아 이 주식이 계속 상승했으므로 26.125달러에 500주를 추가 매수했다(C점). 그는 엄청난 거래량 증가와 함께 '박스'가 위로 쌓이는 것을 흡족한 마음으로 지켜보았다. 주가가 상승하자 그의 손절매 포인트도 27달러로, 그 다음 31달러로 상향 조정되었다.

다비스가 보기에 이 주식은 새로운 고점 40.5달러에 도달한 후, 갑자기 '상승 여력을 잃어갈 것'처럼 보였다. 이 주식은 금방 하락하는 방향으로 움직일 것같이 보이고 곧 급락할 것처럼 보였다. 큰 손실을 입을 것을 염려한 다비스는 손절매 포인트를 36.375달러로 상향 조절했다.

4월 넷째 주가 되자 염려하던 일이 마침내 일어나고야 말았다. 다이너스 클럽의 주가는 급락했고 따라서 손절매 포인트인 D점에서 전량 매도되었다. 이로써 다비스는 1만 달러 이상의 수익을 실현하게 되었다.

그는 당시에 아메리칸 익스프레스가 다이너스 클럽과 직접 경쟁자로 신용카드 업계에 곧 진입한다는 사실을 전혀 모른 채 순전히 기술적 분석에 의해서만 행동했다. 이것은 그의 접근 방법 중 기술적 분석 측면의 정확성을 확신하게 해주는 성공적인 주식 운용 타이밍이었다.

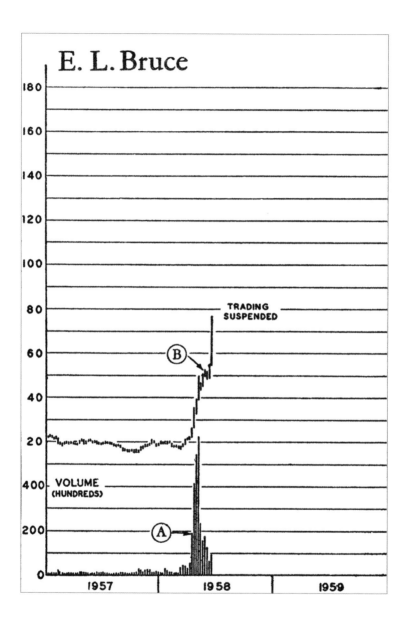

E. L. Bruce

TRADING SUSPENDED

Ⓑ

VOLUME (HUNDREDS)

Ⓐ

1957 1958 1959

나는 주식투자로 250만불을 벌었다

이 엘 브루스

다비스가 모든 자금을 로릴라드와 다이너스 클럽에 투자할 당시, 그는 갑자기 이 엘 브루스라는 멤피스에 있는 작은 회사의 주식에 커다란 관심을 돌리게 되었다(A점). 그는 이 주식이 원칙적으로는 자격 미달이지만 그 기술적 패턴이 그의 원칙과 딱 맞아떨어져 도저히 눈을 뗄 수 없었다고 말했다.

18달러에서 50달러로 급등한 이 주식의 주가는 반대매매로 43.5달러로 하락했지만 다비스의 노련한 눈에는 이것이 단지 '재충전하는 일시적인 숨고르기'로 보였다. 펀더멘털이 그리 좋지 않음에도 불구하고, 그는 이 주식이 50달러를 넘어선다면 매수할 수 있는 만큼 매수하기로 결정했다. 그는 '상승의 리듬이 존재한다'는 확신을 가지고 브루스 주식에 즉시 투자하기 위해 가능한 모든 자금을 확보하고자 로릴라드 주식을 처분했다.

3월 마지막 3주 동안 그는 총 2,500주를 평균 52달러에 매수했다(B점).

차트가 보여주듯이 그의 타이밍은 시의적절했다. 브루스 주는 자석이 위로 끌어당기는 것처럼 상승하기 시작했다. 정말 장관이었다. 주가가 77달러까지 오르자 멀리 인도에 있으면서도 미국 증권거래소에서 무엇인가 환상적인 일이 일어나고 있음을 확실히 알 수 있었다.

이때는 정말 환상적이었다. '가치'에 기반을 둔 단타 매매자들은 필사적으로 자신의 위치를 고수하려고 애썼다. 이 주식은 거래가 중지되었지만 다비스는 장외거래로 주당 100달러에 매도하라는 제안을 받았다. 그때 그는 '인생에서 가장 중요한 결정'을 내렸다. 그는 이 '커가는 주식'을 팔지 않기로 했던 것이다. 몇 주 후 그는 이 주식을 평균 171달러에 총 29만 5,000달러의 수익을 내며 매도했다.

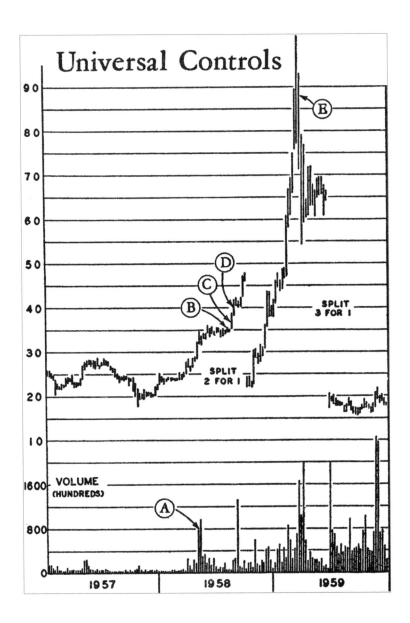

Universal Controls

유니버설 컨트롤스

유니버설 컨트롤스라는 무명의 조그만 회사가 다비스의 눈길을 끈 것은 1958년이 었다. 이때 이 주식은 A점에서 거래량이 엄청나게 증가하기 시작하며 주가도 30달러 아래에서 32~36달러의 범위로 상승했다.

8월 초, 그는 B시점에서 35.25달러에 300주를 조심스럽게 시험 매수했다. 2주가 지나자 이 주식의 상승세가 탄탄해졌고 그는 36.5달러에 1,200주를 추가 매수했다(C 점). 그리고 며칠 후 주가가 계속 상승하자 추가로 1,500주를 40달러에 매수했다(D점).

얼마 지나지 않아, 이 회사는 회사명이 유니버설 프로덕트에서 유니버설 컨트롤스 로 바뀌면서 주식이 2대 1로 분할되었고 그로 인해 보유주식은 6,000주가 되었다.

1959년 1월 다비스는 뉴욕에 도착해서 그를 파멸의 나락으로 떨어뜨리는 일련의 거래를 시작했다. 다행히도 이러한 파멸의 시간 동안 유니버설 컨트롤스는 순조롭게 움직여주어 저자가 별 관심을 갖지 않아도 되도록 해주었다.

하지만 3월이 되자 유니버설 주에 문제가 생기기 시작했다. 3일 동안 66달러에서 102달러까지 급격한 주가변동을 겪은 후, 이 주식은 상승 모멘텀에서 하락 모멘텀으 로 반전하기 시작했다. 그는 이러한 하락을 매우 싫어했으며 다시는 오르지 않을 것 으로 판단했다.

다비스는 다이너스 클럽 주식이 비슷한 상황에 처했을 때 취한 조치를 다시 한번 취했다. 손절매 포인트를 전일 종가 바로 아래로 상향 조정하고 E점에서 전량 매도했 다. 그가 매도한 가격인 86.25달러에서 89.75달러는 최고가보다 12포인트가 낮은 금액이었지만 그는 이것으로 만족했다. 만족하지 못할 이유가 없었다. 그의 말에 따르 면 오랫동안 상승세에 편승해 이익을 거두었고 수익도 40만 9,000달러나 되었기 때 문이라는 것이었다.

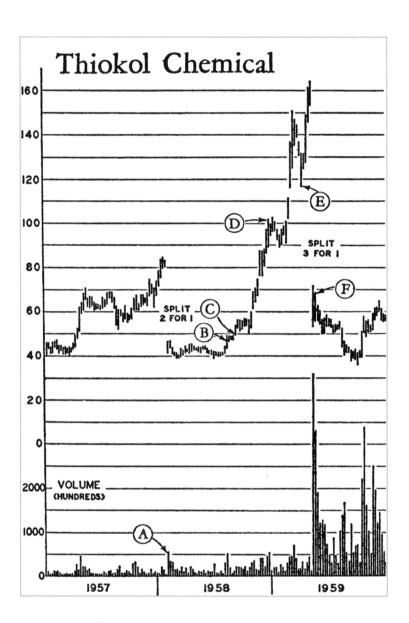

Thiokol Chemical

나는 주식투자로 250만불을 벌었다

티오콜 화학

1958년 초 동경에 있을 때, 다비스는 이 주식이 2대 1로 분할한 후 거래량이 급속히 증가하는 것에 주목했다(A점). 이 주식은 그 후로 몇 달 동안 별 변화가 없었으나 다비스는 이러한 상황을 '태풍 전의 고요'와 같다고 판단했다.

다비스는 곧 티오콜의 일일시세를 보기 시작했는데 이 주식은 45달러에서 '도약을 위해 몸을 움츠린 것'처럼 보였고 그는 47.25달러에 200주를 시험 매수했다(B점). 이 주식은 4주 동안 50달러를 향해 꾸준히 상승했으며, 그는 곧 C점에서 상승할 것이라고 판단해 1,300주를 49.875달러에 매수했다.

그런데 그가 매입하자마자 티오콜은 주식 인수권의 발행을 발표했다. 본문에서 충분히 설명했듯이 다비스는 이 좋은 조건의 신용 거래 제도를 최대한 활용했다. 그는 7만 2,000구좌의 인수권을 매입했는데 이 과정에서 원래 주식 1,500주를 53.5달러에 매도했다. 그리고 이 인수권을 이용해 주당 42달러의 예약가로 6,000주를 매수했다. 당시의 시가는 50달러 중반이었다. 이때 매수대금은 35만 달러였는데 그가 지불한 현금은 11만 1,000달러뿐이었다.

3개월 후(D점), 그의 중개인이 티오콜 투자에서 25만 달러의 수익을 기록하고 있다고 연락해왔다. 이러한 연락으로 인해 그는 몹시 괴로운 유혹에 빠졌다. 몸의 모든 신경이 팔아치우라고 말하는 것 같았지만 결국 주식을 보유하기로 결정했다.

물론 다비스는 주가가 상승하는 동안 손절매 포인트를 상향 조정하는 것을 잊지 않았지만 E점과 같이 단기적인 기술적 하락에 전량 매도될 위험에 처하지 않도록 충분한 여유를 두었다. 결국 주가는 계속 상승했으며 5월 초에 3대 1의 주식분할 이후에는 크게 상승해 72달러를 기록했다. 이러한 상승은 엄청난 거래를 유발했으며 뉴욕증권거래소는 이 주식의 모든 거래를 중지시켰다. 다비스에게 이러한 조치는 그의 가장 강력한 무기를 빼앗아가버린 것과 같았고 그는 더 이상 이 주식에 투자할 수 없었다. 그는 평균 68달러에 1만 8,000주를 매도했고(F점), 총 86만 2,000달러의 수익을 냈다. 파리에서 그가 내렸던 오르고 있는 주식을 팔 이유가 없다는 중대한 결정이 빛을 발한 것이었다.

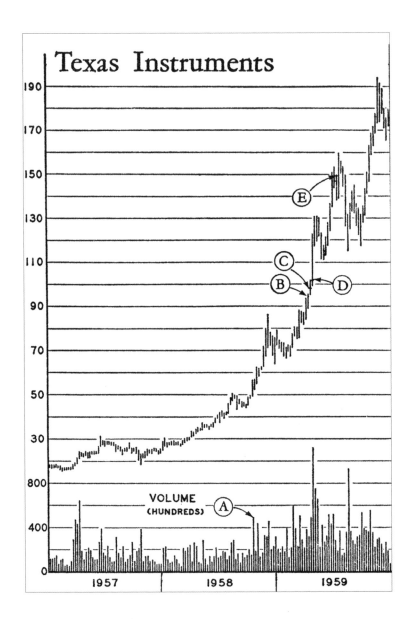

나는 주식투자로 250만불을 벌었다

텍사스 인스트루먼트

다비스는 유니버설 컨트롤스를 처분한 후 50만 달러를 투자할 주식을 찾기 시작했다. 그러한 주식은 거래가 활발히 이루어져야 하고 고가여야 했다. 왜냐하면 투자금액이 커졌으므로 그의 매수가 전체 시장에 미칠 영향도 고려해야만 했기 때문이었다.

이 주식은 1958년 말에 있었던 약간의 엉뚱한 움직임을 제외하고는 1년 내내 꾸준히 주가가 상승하여 10월에는 A점과 같은 기록적인 거래량을 보였다.

다비스는 4월 둘째 주에 평균 94.375달러에 2,000주를 매수했고(B점), 그 다음 주가 되자 주가가 순조롭게 움직이는 것을 보고 97.875달러에 1,500주를 추가 매수했다. 그리고 며칠 후 마지막으로 101.875달러에 2,000주를 추가 매수했다(D점).

6월 6일, 텍사스 인스트루먼트는 149.5달러로 마감되었고(E점), 이 시점에서 다비스는 몬테카를로로 떠나게 되었는데 주가가 하락하더라도 최소한 225만 달러를 회수할 수 있도록 손절매 포인트를 조정했다.

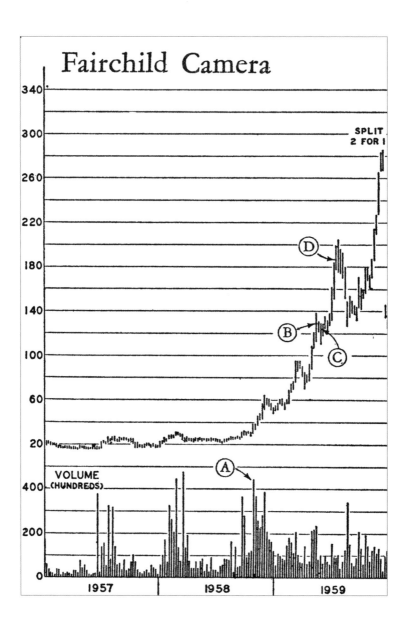

나는 주식투자로 250만불을 벌었다

페어차일드 카메라

티오콜을 처분하자 다비스는 100만 달러가 넘는 투자자금을 가지게 되었다. 그는 이 자금을 둘로 나누기로 하고 그의 기술적 원칙주의자 이론에 부합한다고 생각해 오랫동안 지켜보고 있던 네 종목의 주식으로 투자 선택 폭을 좁혔다.

그 네 종목 중 시험 매수를 통해 선택된 종목 중 하나가 페어차일드 카메라다.

페어차일드는 1957년 내내 주가가 안정적이었고 1958년에는 거래량이 크게 증가한 적이 두 번 있었지만 대부분 안정적이었다. 하지만 1958년 말이 되어 주가가 급등해 거래량이 또 다시 증가하자(A점) 다비스는 이 주식에 관심을 두기 시작했다.

그는 이 주식이 110/140 의 박스권을 형성하자 128달러로 500주를 시험 매수했다(B점). 그가 임의로 정한 10%의 손절매 포인트가 박스의 하한과 너무 가깝다고 생각해 없애버렸으므로 2주 후 주가가 110.25달러로 하락했을 때에도 매도되지 않고 보유할 수 있었다. 반대로 주가가 즉시 그 상승 모멘텀을 다시 갖게 되자 그는 123.25달러에서 127달러까지의 가격에서 4,000주를 추가 매수했다(C점).

그는 이제 페어차일드 카메라 4,000주, 제니스 라디오 그리고 텍사스 인스트루먼트의 주식을 가지고 주가가 뛰어오르는 모습을 옆에서 가만히 지켜보기만 하면 되었다. 결국 페어차일드는 185달러로 마감되었다(D점).

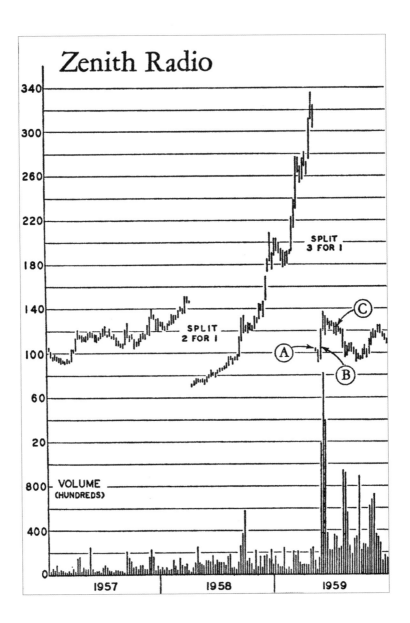

제니스 라디오

이 주식은 다비스가 티오콜에서 벌어들인 자금으로 투자한 두 번째 종목인데, 투자하기 전의 패턴이 페어차일드와는 사뭇 다르다. 1958년 9월 말, 이 주식의 거래량이 폭주하면서 주가도 크게 상승했다.

다비스는 3대 1의 주식분할 발표가 있은 직후 '호재'라고 판단하고 104달러에 시험 매수를 했다(A점). 그리고 페어차일드에서와 마찬가지로 네 종목 중 도태되지 않고 남는 종목을 선택하기 위해 10% 손절매를 없앴다. 만일 그가 여전히 10%의 손절매를 설명해 놓았더라면 이 주식은 다음 주에 93달러로 하락했을 때 전량 매도되었을 것이다. 그러나 그 후 즉시 주가가 상승하면서 그의 예상대로 움직이기 시작했고 그는 99.75달러에서 107.5달러까지의 가격으로 5,000주를 매수했다.

제니스는 그 후 순조롭게 움직였다. 비록 그 상승이 주식분할 이전의 상승폭처럼 크지는 않았지만 다비스가 이 투자에서 10만 달러 이상의 수익을 낼 수 있었으므로 평균 매입가 104달러가 6월 6일 종가 124달러와 크게 차이가 나지 않는다는 사실은 아무런 의미가 없다.

이 차트를 작성한 사람들은 다비스가 뒤늦게 상승률이 둔화되고 있는 시기에 매수했다는 점을 지적한 적이 있다. 그는 이 점에 동의하면서 다음과 같이 말했다. "결과를 봤을 때는 매수 시기가 늦은 것으로 말할 수 있죠. 하지만 그 당시 나에게는 새로운 상승의 시작으로 보였습니다. 결국 나는 반만 맞은 셈이죠."

독자들의 질문에 대한 답변

Q ____ 저는 두 명의 아이를 데리고 혼자 살고 있습니다. 매우 작은 금액이지만 2,000달러로 주식을 해보려고 합니다. 때때로 제게 연락해 '좋은 주식'을 가르쳐주실 수는 없는지요.

A ____ 귀하의 상황에서 '좋은 주식'이란 것은 있을 수 없습니다. 그 이유는 다음과 같습니다.

어떤 주식의 갑작스런 급등은 여러 가지 환경에 기인한 것일 수 있습니다. 그러므로 이 질문은 "이 주식은 얼마나 오랫동안 좋은 장세를 유지할까요?"라고 고쳐 말하는 것이 바람직합니다. 그리고 이와 같은 질문에는 아무도 답변해줄 수 없습니다.

이것이 바로 제가 주식에 대한 정보를 주는 것이 좋은 일이 아니라고 생각하는 주된 이유입니다. 정보를 주는 사람이 기술적 분석가라면 어떤 순간의 움직임을 보고 보유 주식을 매도할 수 있지만 이러한 순간은 그야말로 순식간에 지나가는 것이므로 아마도 그는 정보를 받는 사람에게 제때에 연락을 해줄 수 없을 것입니다. 그러므로 정보를 요구하거나 남의 정보를 믿지 마십시오.

· · ·

Q ﹍﹍﹍﹍ 몇 년 전 저는 당신의 저서 《나는 주식투자로 250만불을 벌었다》에 많은 관심을 가졌었습니다. 저는 투기꾼으로서 제 자본금을 잘 운용했지만 항상 펀더멘털적 접근 방법을 사용했습니다. 지금 다시 그 책을 읽고 나니 당신이 여전히 기술적 원칙주의 접근 방법을 사용하고 계신지 궁금합니다. 다음의 질문에 대한 답변 부탁드립니다.

1. 여전히 기술적 펀더멘털 시스템을 사용하고 계십니까?
2. 주간 차트 서비스를 이용하는 것이 도움이 된다고 생각하십니까?

A ﹍﹍﹍﹍ 1. 때로는 원칙주의적 접근 방법을 사용할 수 있는 때도 있지만 저는 여전히 기술적 원칙주의 접근 방법을 이용합니다. 하지만 어떤 회사의 강점에 대한 완전한 내부 정보를 가지고 있다 해도 그 회사 주식의 시장 움직임에서 눈을 떼지 않습니다.

대부분의 경우, 기본적 법칙이 적용되는데 그 법칙은 수익성이 늘면 조만간 주가가 상승한다는 것입니다. 그러나 주식시장은 가끔 유행에 휩쓸려서 다른 면들을 간과하는 경향이 있습니다.

2. 저는 주간 차트를 이용하고 있지는 않습니다만 머릿속으로 차

트를 그리고 있기는 합니다. 어쨌든 주간 차트가 도움이 된다고 말할 수는 있습니다.

...

Q ──── 당신은 상승세를 조사하기 위해 맨필드 격주 차트(Manfield Bi-weekly Chart Revisions)를 사용해 본 적이 있습니까? 만일 사용해 본 적이 있다면 이 차트에 있는 추세선이 당신이 말하는 박스의 상하한을 정하는 데 도움이 됩니까? 아니면 고점을 파악하는 데만 연관시킵니까?

그리고 고점을 매수 포인트로 잡을 때의 고점이란 문자 그대로 최고점인지 아니면 거래량 증가를 보여주는 단기간(예를 들어 5년) 동안의 새로운 고점인지 말해줄 수 있습니까?

또, 월간 주식 안내지는 볼 만한 가치가 있을까요?

A ──── 저는 맨필드 격주 차트를 사용하지 않습니다. 그리고 문의하신 문제에 관해서는 추세선이 개별 주식의 박스와 항상 직접적인 관계를 갖는 것은 아니라고 생각합니다.

제가 말하는 고점이란 말 그대로 최고점을 말합니다.

주식 안내지는 회사의 자본, 평균 거래량, 배당, 그리고 최고점 및 최저점과 같은 주식의 일반적인 상황을 판단하는 데 크게 도움이 됩니다.

...

$\mathbf{Q}$ ▬▬▬ 당신은 그날의 종가에 상관없이 일일 고가가 연속 3일간 현재 박스(예를 들어 41달러)의 맨 윗부분을 뚫고 올라올 때 매수주문을 낸다고 말했습니다.

저는 알란 백화점(Arlan's Department Stores)의 주식을 그 박스권을 파악하자마자 매수하기로 작정했는데, 이 주식의 6월 15일부터의 주가는 다음과 같습니다.

15일	41.5 — 42.375
16일	43 — 43.875
17일	44.125 — 45
18일	43.5 — 44.375
19일	44.25 — 45
22일	44.75 — 46.5
23일	46 — 48.5

6월 19일에 저는 박스의 상한이 45달러라고 판단했는데 그것은 3일간 새로운 고점이 나타나지 않았기 때문입니다. 그리고 이 박스의 하한은 43.5달러로 잡았습니다.

당신의 이론에 따르면 6월 19일에 박스의 맨 윗부분을 볼 때, 45.125달러를 매수점으로 그리고 44.875달러를 손절매 포인트로 잡아야 할 것 같았습니다. 그런데 당신의 책에서는 주가가 연속 3일간 박스의 맨 윗부분을 넘어서야 매수주문을 낸다고 하는 것 같군요.

위에서 보시다시피 알란 백화점의 주가는 이틀간 그 박스의 상한을 넘어서 48.125달러가 되었고 말씀하신 3일째가 되어도 제가 매수 포인트로 생각했던 45.125달러로는 내려올 것 같지 않습니다.

이와 같은 저의 선택에 대한 비평을 해달라는 것은 아닙니다. 또한 차트상의 변화에 대한 기술적 평가 외에도 주식의 선택을 좌우하는 다른 요소들이 많이 존재한다는 것을 압니다. 제가 알고 싶은 것은 이 주식이 43/45 의 박스권에서 움직인다고 잘못 판단한 다른 어떤 이유라도 있는지, 또 연속 3일간 박스의 상한을 넘어설 때까지 매수주문을 내지 않겠다고 결정한 것이 당신 이론의 취지를 제대로 이해한 것인지 하는 문제입니다. 제가 혼란을 느끼는 이유는 당신이 저서에서 기존 박스권을 넘어서는 가장 근접한 가격에서 매수주문을 낸다고만 했을 뿐 그 시기에 대한 어떤 언급도 하지 않았기 때문입니다.

A ⸺ 잘못 이해하셨군요. 어떤 주문은 그 주식이 조금이라도 그 박스의 상한을 뚫고 올라가는 바로 그 순간에 매수될 수 있도록 해야 합니다. 그리고 연속 3일간이라는 원칙이 모든 상황에 적용되는 것은 아닙니다. 이 원칙은 다만 박스의 하한과 상한을 판단하는 데만 적용될 뿐입니다. 알란 백화점의 경우에 당신의 결정은 잘못된 이해를 바탕으로 이루어진 것이므로 그릇된 것이라 할 수 있습니다.

제 이론의 원칙들을 좀더 명확히 설명해 보겠습니다. 기존 박스권을 깨고 더 상위의 박스권으로 이동하기 시작하는 어떤 주식이 있다고 가정해 봅시다. 이 새로운 박스의 상한은 이번 가격 상승기간 중에 도달할 수 있는 가장 높은 가격이 될 것이며 3일 동안 내내 이 가격 이상으로 오를 수는 없을 것입니다.

당신의 사례와 수치에서 보면, 이 주식은 아직 새로운 박스의 상한에 도달하지 못했습니다.

이와 마찬가지로 중요한 것이 또 있습니다. 새로운 박스의 하한은 그 박스의 상한이 완전히 정해지기 전에는 만들어질 수 없다는 것인데요, 이러한 하한을 결정하는 방법은 상한을 결정하는 방법의 정반대로 이루어집니다.

당신의 경우, 매수 포인트가 부정확했고 주식의 움직임에 대한 제 해석의 견지에서 볼 때 극히 위험스러운 투자를 한 것입니다. 거래 범위의 한가운데에서 매수를 하신 경우거든요.

. . .

Q _____ 당신의 박스 시스템은 제가 'T' 주식을 운용하는 데 딱 맞더군요. 이 시스템이 작동하는 것을 보고 나중에 분석해 보니 100% 맞아떨어졌습니다.

그런데 최근에 제가 생각해낸 방법을 이 시스템에 덧붙인다면 좋을 것 같습니다. 저는 당신이 이에 관해 전혀 언급을 하지 않으셨으므로 실제로 이 방법을 사용하신 적이 없으리라 생각했습니다. 만일 이 방법을 사용하셨더라면 곱절의 수익을 얻으셨을 것 같은데요, 제가 생각한 방법은 다음과 같습니다.

당신이 자동 손절매 포인트를 설정할 때마다 주가가 하락해 자동 매도가 되도록 했는데요, 여기에 단타 매매를 위해 매도된 수량과 같은 매수 주문을 같은 가격에 낸다면 더 낫지 않을까요? 이때도 역시 손절매 포인트를 설정하기만 하면 보호 장치가 될 것이고 주가가 상승하든 하락하든 수익을 낼 수 있지 않을까요? 이러한 방법은 심각한 불황 장세에서 곱절의 수익을 낼 수 있는 방법이라 생각합니다.

이러한 방법에 대해 어떻게 생각하시는지 궁금합니다. 제게 연락을 주시면 현 시장에서 주식의 고가와 저가를 알아내는 방법을 알려드리겠습니다. 이 방법만으로는 언제 주가가 변할지 예상할 수 없었는데 당신의 이론과 결합해서 사용했더니 정말 대단한 효과가 발생하더군요. 이 방법으로 나는 2년간 주가의 상한과 하한을 15% 이상 벗어나지 않게 예측해냈거든요.

A ▬▬▬ 당신의 태도는 돈을 벌기 위해 꼼꼼히 점검하는 사람보다는 도박사에 더 가깝습니다. 제 경험에 비추어 보면 복잡한 도박 기법이나 단기 이익을 찾으려고 묘기를 부리는 것보다 기회를 기다리고 있는 것이 더 낫습니다.

또한 약세시장에서는 보유하고 있는 각각의 주식들이 박스권에 머물고 있거나 상승하지 않는 한 시장에서 벗어나는 것이 좋습니다.

혹시라도 당신의 '예언'이 맞는 경우가 있다 하더라도 저는 예측보다는 분석을 믿습니다.

...

Q ▬▬▬ 잠깐 반짝하고 마는 것이 아닌 진정한 황금주와 그러한 주식은 언제 처분해야 할지를 알려주실 수는 없는지요? 알려주시면 정말 감사하겠습니다.

A ▬▬▬ 어떤 사람이 '황금주'라고 말해줄 때, 그것은 그의 추측에 지나지 않습니다. 어떠한 주식이든 때에 따라서 그러한 '황금주'가

나는 주식투자로 250만불을 벌었다

될 수도 있고 그렇지 않을 수도 있기 때문입니다.

...

Q ——— 저는 당신의 박스 이론을 이해하고 있다고 생각하며 실제로 지난 두 달 반 동안 연중 최고점을 돌파한 주식들에서 이 시스템이 들어맞는지를 확인할 수 있었습니다. 하지만 당신이 적용했던 손절매 포인트가 매입가와 너무 가까운 점은 약간 의문스럽습니다. 실제로 저는 손절매 포인트를 그렇게 설정해 약간의 손실을 보았습니다.

제가 만든 차트와 제가 했던 조사를 토대로 살펴본 결과 실제로 이 주식들은 모두 당신이 정한 상한과 하한의 폭보다 훨씬 넓은 범위에서 움직이고 있음을 알 수 있었습니다. 제 생각에 당신은 전 고점을 돌파해 새로운 고점에 이를 때까지 상승을 멈추지 않는 종목들에만 관심이 있는 것 같은데 제 생각이 틀렸습니까?

만일 그렇다면 적당한 주식을 잡을 때까지는 약간의 손실을 감수해야 한다는 것을 의미하는 것 같은데요, 제 주식중개인은 이러한 상황이 장외 시장에서는 더하다고 말하는군요. 이러한 상황이 당신의 시스템이 잘 들어맞지 않는다고 말씀하시는 경우에 해당하는지요?

A ——— 당신의 질문 마지막 부분에 이미 그에 대한 답변이 있습니다. 나는 그 전 고점을 돌파하는 주식들에만 관심을 갖습니다. 제가 말한 방법은 모두 그 주식들의 상승폭이 크고 상승 속도가 빠르다는 점에 기초하고 있고, 자연히 90% 이상의 주식들은 해당이 되지 않습니다.

장외시장에서도 이렇게 크게 상승하는 주식이 있겠지요. 게다가 그러한 시장에서라면 이와 같은 종목을 찾아내기가 더 쉬우리라 생각됩니다.

. . .

Q ▬▬ 제게 정말 힘든 것은 어떻게 전체 시장을 지켜볼 수 있느냐 하는 점입니다. 당신도 일일시세 전문지를 보았는지요? 만일 투자하기 전에 도표를 만들었다면 어떻게 만들었습니까? 샘플을 하나 보내주실 수는 없을까요?

A ▬▬ 시장을 지켜보는 것은 어려운 일이 아닙니다. 일일주식 시세표를 보십시오.

개인적으로 나는 냉정한 기술적 데이터보다는 감각에 의지해서 마음속에 그려진 차트에 따라 결정합니다.

. . .

Q ▬▬ 질문이 하나 더 있습니다. 저는 스테판 차트(Stephens Chart)의 최고가를 이용해서 주식분석을 합니다. 그런데 주식을 평가하는데 이전에 행해졌던 주식분할도 고려해야 하지 않을까요? 다시 말해 그해에 주식 수가 두 배로 늘어났다는 사실을 고려해야 된다는 말입니다. 왜냐하면 분할 전 주식 수가 두 배로 늘어나지 않았다 해도 주주에게 그 주식이 두 배가 되지 않았다라고는 말할 수 없기 때문입니다.

나는 주식투자로 250만불을 벌었다

A ▬▬ 물론 모든 차트는 주식분할을 고려해서 만듭니다. 그렇게 조정된 가격에는 그 주식의 과거 이력이 반영되어 있습니다.

사실 몇 번이나 주식분할을 했는지는 주식의 매수, 보유 또는 매도를 결정하는 데 그리 중요한 것이 아닙니다.

...

Q ▬▬ 당신이 훌륭한 거래량이라고 생각하는 거래량과 하한이라고 생각하는 최저가는 어느 정도입니까? 당신은 언제나 3일 연속 박스권을 돌파해야 매입을 합니까? 만일 그렇다면, 온스톱 매수주문을 가장 효율적으로 이용하는 방법은 무엇입니까? 그리고 손절매 포인트는 거리를 얼마나 두고 설정하십니까?

A ▬▬ 훌륭한 거래량이라는 것은 꼭 정해진 것이 아닙니다. 그것은 그 주식의 과거 이력에 따라 다릅니다.

1. 예를 들어 어떤 주식이 오랫동안 하루에 4,000주 내지는 5,000주 거래되어 오다가 갑자기 2만 주에서 2만 5,000주로 거래량이 크게 늘었다고 합시다. 이러한 경우에 훌륭한 거래량이란 2만 주에서 2만 5,000주를 말하며 이러한 거래량은 주식 움직임의 변화를 판단할 수 있는 훌륭한 근거가 됩니다.

2. 어떤 주식의 매입을 결정하는 데 꼭 3일 연속 박스권을 돌파하는 것을 기다릴 필요는 없습니다. 저는 박스권을 돌파하는 바로 그 시점에서 매입합니다.

3. 저는 어떤 주식이 돌파한 박스권의 고점 바로 아래 단계에 손절

매 포인트를 설정합니다. 물론 이 손절매 주문은 매입 즉시 냅니다.

...

Q ____ 저도 당신처럼 단기 투자에 관심을 가지고 있습니다. 그래서 SCM, Sperry Rand, General Instruments, Hecla 그리고 현재 움직임이 좋은 몇몇 다른 전자회사를 좋아합니다. 그러나 저는 초보라서 아는 것도 별로 없으면서 도박을 하고 있는 건 아닌지 근심스럽습니다.

A ____ 제가 당신이라면 스스로의 충고에 따르겠습니다. 저는 초보자가 단타 매매에서 성공하는 일을 거의 본 적이 없습니다.

...

Q ____ 당신의 책에서 한 가지 이해되지 않는 것이 있습니다. 박스가 피라미드처럼 위로 쌓여간다고 말씀하신 부분이 아무래도 이해가 가지 않습니다. 예를 들어 설명해주실 수는 없는지요. "백문이 불여일견"이라는 옛말처럼 사례를 보면 훨씬 나을 것 같습니다.

A ____ 박스가 피라미드처럼 쌓여간다고 하는 말은 주가가 상승하고 있는 주식에서 제가 박스라고 부르는 연속적인 거래 범위를 말합니다. 그와 같은 박스는 다음 그림과 같은 형태를 가지고 있습니다.

나는 주식투자로 250만불을 벌었다

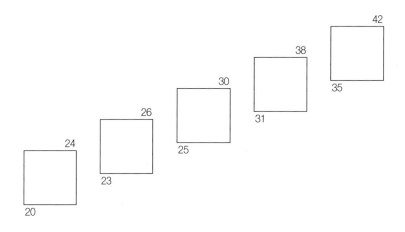

· · ·

Q _____ 의문점이 두 가지 있는데 명확하게 설명해주셨으면 합니다.

1. 당신은 주가가 박스 상한을 돌파해 새로운 박스로 향하고 있을 때 손절매 포인트를 계속해 상향 조정합니까, 아니면 처음에 설정한 것을 그냥 둡니까?

2. 당신은 주식시장에 뛰어드는 데 필요한 최소 금액이 5,000달러는 되어야 한다고 말씀하셨는데, 저는 지금 1,000달러밖에 여유가 없습니다. 이러한 경우 저는 여유 자금이 5,000달러가 될 때까지 투자를 하지 말아야 하나요?

A _____ 1. 손절매 주문에 대한 올바른 자세는 다음과 같습니다. 어떤 주식이 새로운 상위 박스로 진입하면 저는 그 새로운 박스의 상한과 하한이 정해질 때까지는 손절매 포인트를 원래 설정한 수준으로 유지합니다.

그리고 그 새로운 박스의 하한이 확고하게 구축되면 그제야 손절매 포인트를 새로운 박스의 하한 바로 아래 단계로 상향 조정합니다.

2. 만일 1,000달러밖에 없다면 저라면 투자를 안 하겠습니다.

...

Q ___ 질문이 두 가지 있는데 답변해 주시기 바랍니다.

1. 어떤 박스가 36.5/41 달러로 형성되어 있다면 그 상위 박스의 하한은 41달러가 됩니까?

2. 상품 시장에 박스 이론을 적용시키는데 도움을 주실 수 있는지요? 11월의 콩 시세 차트를 동봉하니 12월 27일경에 형성될 박스권을 찾아주셨으면 좋겠습니다.

A ___ 1. 우선 저도 새로운 박스가 나타날 것인지에 대해 확신할 수 없습니다. 그러나 어떤 주식이 박스의 상한을 돌파했다면 저는 새로운 박스가 나타날 때까지 기다립니다. 그때가 되어서야 새로운 박스의 하한이 어느 정도인지를 알 수가 있습니다. 아무도 미리 말할 수 없는 것이죠.

2. 상품은 다루어본 적이 없어서 조언을 드릴 수가 없군요.

...

Q ___ 당신이라면 유 에스 스틸(U. S. Steel)주를 그냥 두시겠습니까 아니면 손실을 보고 지금 매도하시겠습니까? 제 나이쯤 되니 꼭 필요한 경우가 아니면 손해를 보는 것도 힘들고 주가가 오르기를 오랫동안 기다릴 여

유도 없네요. 아주 정직한 제 중개인에 따르면 유 에스 스틸 주식은 최고 75달러 정도가 될 것 같다고 합니다. 하지만 75달러가 된다 해도 저에게는 별 이득이 없습니다. 앞으로 시장이 계속 좋아진다면 더 낫지 않을까요?

A ———— 저는 유 에스 스틸주식을 사본 적이 없습니다. 저는 성장주에만 관심이 있는데 유 에스 스틸은 성장주도 아니고 철강산업이 특별히 성장할 것 같지도 않습니다.

· · ·

Q ———— 당신의 시스템에 매우 큰 관심을 가지고 있습니다. 그런데 한 가지 의문이 있습니다. 매입주문을 내기 전에 기존 박스 상한을 세 번 연속 돌파해서 상위 박스로 진입하는 것이 필수적이라고 말씀하셨는데, 저는 이것을 두 번째 상한 돌파가 이루어진 후 세 번째 상한 돌파 때 주문이 이루어지도록 '온스톱 매수주문'을 낸다는 것으로 이해했습니다. 제대로 이해한 것인가요? 혹시 아니라면 더 자세한 설명을 부탁드립니다.

A ———— 저는 주가가 박스의 상한을 돌파하기 전에 새로운 고점의 바로 윗부분의 가격으로 온스톱 매수주문을 냅니다.

이러한 주문은 자동으로 실행되고 실행된 후에는 기존 박스의 상한 바로 아래로 손절매 주문을 해놓습니다.

반드시 상한을 세 번 돌파해야만 하는 것은 아닙니다.

· · ·

Q _____ 직접 시험해 보지는 않았지만 박스 형성에 대한 생각은 참 훌륭한 것 같습니다.

손절매 주문을 내는 것이 전혀 새로운 것은 아닙니다만 그 포인트를 현재 주가에 매우 가깝게 설정해 놓는 것이 마음에 들지 않습니다.

손절매 포인트를 0.5달러나 1달러 아래로 설정한다면 십중팔구 주문이 체결되자마자 실행되어버릴 텐데 무슨 소용이 있을까요?

A _____ 어림짐작으로는 손절매 포인트를 가깝게 잡는 것이 매우 위험하고 쓸모없는 것처럼 보이는 것이 당연합니다. 그러나 제가 말한 사례에서 그 손절매 포인트들은 현재 박스권 밖에 있다는 점도 설명을 했습니다. 손절매 포인트는 항상 다음과 같은 위치에 설정해 두어야 합니다.

1. 주가가 상승해 상한을 돌파할 때 그 돌파점 바로 아래 단계.

2. 주가가 하락해 박스의 하한을 깨는 경우에 실행될 수 있도록 박스의 하한 바로 아래 단계.

· · ·

Q _____ 저는 쓸 만한 주식을 골라내는 당신의 기법을 시도해 보았습니다. 당신의 책에는 주어진 주식의 상하 유동과 그러한 주식들의 상한과 하한을 판단하는 방법이 있습니다. 그런데 주가를 나타낼 때는 대략적인 숫자를 사용한 데 반해 실제 주가는 정확한 수치입니다. 물론 실제 수치와 대략적인 수치에는 별 차이가 없지만 그 두 수치는 분명히 달라서 당신이 설명하신 대략적인 수치와 같이 보아야 할지 아니면 다른 박스권에 포

함시켜야 할지 판단할 수가 없습니다. 어떻게 하면 좋을까요?

그리고 연중 최고가와 최저가를 신문에 공시하지 않는 미국 증권거래소의 주식을 선택하는 데는 어떤 방법을 사용하는지 알고 싶습니다. 저는 《디트로이트신문》을 보는데요, 이 신문에는 뉴욕 증권거래소의 시세만 나오거든요.

A ——— 저는 박스 이론을 이해하기 쉽게 설명하기 위해 대략적인 수치를 사용했습니다. 물론 실제 주식이 대략적인 수치로 움직이는 것은 아닙니다.

몇몇 신문들에는 미국 증권거래소 주식의 고가와 저가가 실리지 않습니다. 그러나 《월스트리트 저널》이나 《뉴욕타임즈》를 보면 언제라도 알 수 있습니다.

· · ·

Q ——— 저는 당신의 투자기법을 공부했었는데 요하네스버그 증권거래소에서는 이 기법들을 사용할 수 없었습니다. 왜냐하면 개별주식의 거래량과 같은 중요한 통계자료들이 제공되지 않기 때문이죠.

A ——— 제 방법은 뉴욕 증권거래소나 미국 증권거래소에서의 경험을 바탕으로 만들어진 것입니다.

제 방법을 사용하는 데는 다음과 같은 요소들이 필요합니다.

① 역대 최고가

② 과거 2~3년의 최고가와 최저가

③ 적어도 최근 4~6개월간의 주간 주가변동 범위와 거래량

...

Q _____ 저는 당신이 어떤 방법으로 그 많은 주식시세를 모두 보는지 궁금합니다. 《배런스》지의 미국 증권거래소 종목 시세만 해도 다섯 페이지나 되는데요!

A _____ 제가 주식 시세를 모두 보는 것은 사실입니다. 하지만 다음과 같은 항목만을 보지요.

① 전체 시장 동향을 나타내는 다우존스 지수 또는 뉴욕 증권거래소 지수나 스탠더드 앤드 푸어스 지수

② 각각의 산업이 전체 시장의 추세와 어떤 관계를 가지고 있는가를 보여주는 산업별 예닐곱 종목의 주가

③ 내가 보유하고 있거나 관심을 두었던 주식들의 가격 변화

④ 특별히 변동된 주가나 거래량을 찾기 위해 주식 페이지 전체

익숙하지 않은 사람들에게는 이러한 점들이 모호하겠지만 매일 똑같은 주식시세표를 들여다보는 데 익숙한 사람이라면 변동된 사항을 매우 명확하게 볼 수 있습니다.

...

Q _____ 1. 제가 뉴욕 증권거래소에서 느낀 점인데요, 매입가보다 0.25달러 아래의 손절매 포인트를 설정하면 금방 매도되어 버릴 것 같은데요.

2. 세 번 연속 그 상한을 돌파한다는 말은 일단 상한이 정해진 후 다시

세 번 그 상한을 돌파하는 것입니까. 아니면 그 후 두 번만 돌파하면 되는 것입니까? 다시 말해, 처음 상한이 정해지는 것을 당신이 말하는 세 번 중 한 번으로 생각하느냐는 것입니다.

3. 박스의 하한을 설정할 때는 하한을 세 번 돌파해야 한다고 말씀하신 것의 의미는 처음 하한을 형성한 후 다시 세 번입니까. 아니면 처음 형성된 하한을 포함한 세 번입니까?

4. 박스의 상한과 하한이 동시에 정해질 수 있습니까? 아니면 박스의 하한은 상한이 완전히 정해지고 나서 정해지는 것입니까?

5. 새로운 박스의 하한은 반드시 기존 박스의 상한입니까? 동봉한 제너럴케이블(General Cable)의 차트를 보면 새로운 박스의 하한이 기존 박스의 상한보다 훨씬 높습니다.

6. 매입할 당시의 박스 상한이 돌파되면 즉시 손절매 포인트를 상향 조정해야 합니까, 아니면 새로운 박스의 상한과 하한이 뚜렷이 정해질 때까지 기다려야 합니까. 아니면 더 상위의 박스가 확고해질 때까지 기다려야 합니까?

7. 역대 최고가가 박스의 상한보다 약간 위에 위치할 경우, 온스톱 매수주문은 역대 최고가보다 한 단계 위로 놓고 손절매 주문은 박스 상한의 한 단계 아래로 놓습니까?

8. 지금이 4월이라면 작년 한 해의 최고점과 최저점을 가지고 판단하는지 아니면 올해 자료만을 가지고 판단하는지 궁금합니다.

A ——— 1. 매입가보다 0.25달러 아래에 손절매 포인트를 두면 금방 매도되어 버릴 것입니다. 저는 항상 같은 박스 안에 손절매 포인트

를 두지 않습니다.

2, 3. 박스의 상한은 주가가 이전에 새로 도달한 상한을 3일 연속 넘지 못했을 때 정해집니다. 역으로 하한도 마찬가지입니다.

4. 동시에 이루어질 수는 없지만 같은 날이나 한 시간 이내에 정해질 수는 있습니다. 하지만 이것도 매우 드문 경우입니다.

5. 새로운 박스의 하한은 반드시 기존 박스의 상한이어야 할 필요는 없습니다. 그리고 이러한 한계는 예측에 의해서 만들어지는 것이 아니라 주가의 움직임 스스로 만들어내는 것입니다.

6. 저는 항상 새로운 박스의 상한과 하한이 형성될 때까지 기다렸습니다. 그리고 그러한 상하한이 형성되자마자 새로운 박스의 하한 바로 아래로 손절매 주문을 냅니다.

7. 역대 최고가가 박스 위에 있으면 저는 역대 최고가보다 한 단계 위로 온스톱 매수주문을 하고 손절매 포인트는 그 역대 최고가의 한 단계 아래에 설정합니다.

8. 4월이라면 저는 지난 2년간의 자료를 근거로 판단합니다.

· · ·

Q —— 책의 내용을 보니 당신은 주식에 대한 차트를 만들었던 것 같습니다. 어쩌면 그렇지 않을 수도 있습니다만 저는 그런 느낌을 받았습니다. 만일 차트를 이용하신 것이 맞다면 어떤 차트를 사용하시는지요?

A —— 저는 마음속에 차트를 그립니다.

저는 한 번에 몇 가지 종목들에 대해서만 관심을 가지기 때문에 마음속에 이러한 주식들의 움직임과 거래량을 뚜렷하게 그릴 수 있습니다. 물론 차트가 상당히 유용한 도구이긴 합니다만 제가 차트를 살피는 일은 거의 없다고 할 수 있습니다.

...

Q ▬▬ 합병이나 새로운 유전을 발견했다는 소식 등 다른 요인들이 주가를 상승시킬 수도 있습니다. 당신은 단기 투자를 목적으로 이러한 다른 요인들을 감안해 투자합니까?

A ▬▬ 말씀하신 사례들은 주로 단기적인 사건에 의한 특정 주가의 상승에 대한 것들입니다. 그러므로 특정 산업의 장기적인 성장과 그 업계에서 강한 주식을 찾아내는 나의 기술적 펀더멘털리스트 이론에는 맞지 않는 얘기입니다.

　단기 이익을 목적으로 한다면 시장에 대한 다른 접근 방법인 증권거래인이 됩니다. 그런데 저는 이러한 사람을 별로 좋지 않게 보고 있습니다.